각은
무디어지고

▣ 문학공원시선 68 ▣

각은 무디어지고

송용일 시집

문학공원

시집을 내며

시 앞에만 서면 왜 가슴은 열리는가
아무 말 하지 않아도
내 마음 너무나 잘 알아
깊은 밤 말없이 다가서도 거부하지 않네
시 앞에서 나……, 가슴을 열리라
슬프나 기쁠 때 울고 웃어주니
다짐이 없어도 변치 않는 신실한 시 앞에서
나…, 마음을 열리라.
내 모습 보리라.
해묵은 부끄러움도 읽으리라.

2011년 가을

홍마 송용일

차례

시집을 내며 _ 5

1부. 허공과 여백

전봇대 _ 12
창窓 _ 13
간이세탁소 _ 14
독감 _ 15
피라미드 치첸이샤 _ 16
노숙자 _ 17
부츠 신발 _ 18
허공과 여백 _ 19
균열 _ 20
유리벽 _ 21
촛불전등 _ 22
진료診療 _ 23
지하철 _ 24
조기 세 마리 _ 25
양말 _ 26
꽁초 _ 27
강변 오리알 _ 28
휴지의 유골 _ 29
물에 대한 소묘 _ 30
발자국 · 1 _ 31
발자국 · 2 _ 32
카펫 _ 33
곡선으로 흐르니 _ 34
저울눈 _ 35
제로의 무게 _ 36
레임덕 _ 37
북어, 너의 전생은 내가 알지 _ 38
껌의 노후 _ 39
백구에도 편심이 일고 _ 40
짜깁기 _ 42
난지 난사難之 難事 _ 43
흐르는 물만 보았습니다 _ 44
순간에 대한 소묘 _ 45
카리브해변 _ 46
허리띠 구멍마다 _ 47
길 _ 48

2부. 내 방에 창 하나 있어

깨닫는 것이 _ 50
하야下野 _ 51
삶의 흔적 _ 52
각은 무디어지고 _ 53
무소유를 찾아서 _ 54
전화 좀 받게나 _ 56
암병동 _ 57
대장검사 _ 58
망각 _ 59
수술 _ 60
내 방에 창 하나 있어 _ 62
사랑이란 말 _ 63
털어야 하는데 _ 64
목석이라 하지만 _ 65
삶의 길이 _ 66
빈소리 _ 67
눈으로 듣는 소리 _ 68
녹차잎 그 향기 _ 69
앞이 보이지 않을 때 _ 70
내 마음에만 삶을 기대고 _ 71
밟히니 꿈틀거릴 수밖에 _ 72
존재의 깊이 _ 73
강제 이주 _ 74
내 영혼 거울같이 _ 75
타는 숯불 끌 수도 없고 _ 76
사랑이란 내리는 것 _ 77
숲을 그려보는데 _ 78
내 몸 안에 태풍이 _ 79
하나 _ 80
환청幻聽 _ 81
삶의 소리 _ 82
당신이 있기에 _ 83
후회 _ 84
둥지 _ 85
친구는 가고 _ 86
한 줄기 바람인 것을 _ 87
고독이 머무는 자리 _ 88
종심 망팔 從心 望八 _ 89
손녀를 마중하며 _ 90
발길 _ 91

3부. 숲에서 오는 이야기

반사반생半死半生 _ 94
목련 그늘 하얗게 _ 95
쪽마늘 _ 96
그늘만 키워 _ 97
황사 _ 98
호박잎 입 안 가득 _ 99
낙과落果 _ 100
몽돌 하나 내 옆에 있기까지 _ 101
숲에서 오는 이야기 _ 102
이끼도 봄을 노래하는데 _ 103
수평선水平線 _ 104
거품 _ 105
일출 산고日出 産苦 _ 106
생명 _ 107
배추 _ 108
최후의 불꽃 _ 109
달아 달아 밝은 달아 _ 110
하늘 높이 둥지를 틀어도 _ 112
먹구름 속의 빈터 _ 113
제멋에 겨워 _ 114
여명黎明 _ 115
바람의 소리 _ 116
들꽃은 서로를 기대고 _ 117
무궁화 한 송이 _ 118

4부. 가랑잎 울고 울어

초승달 _ 120
이른 봄 연초록 말씀이 _ 121
봄볕이 따가워지니 _ 122
이 몸이 봄비라면 _ 123
봄맞이 _ 124
민들레 _ 125
할미꽃 _ 126
노을 따라 목련은 지고 _ 127
꽃이 피기까지 _ 128
달맞이꽃 _ 129
연꽃인들 물이 좋았으리 _ 130
해바라기 _ 131
질경이 _ 132
미루나무 _ 133
송편 _ 134
가을이 되면 _ 135
초가을 _ 136
낙엽 위 노을은 지고 _ 137
가랑잎 울고 울어 _ 138
단풍이 떫다 _ 139
외솔 _ 140
서리 _ 141
겨울새 _ 142
진눈깨비 지는 날에 _ 143
눈은 어둠을 이기고 _ 144
눈꽃은 너무나 낯익어 _ 145
순백 위를 걸으니 _ 146

작품해설

모천을 거슬러오르는 회귀의 언어/김순진 _ 147

1부
허공과 여백

전봇대

두 팔을 벌려 보내기는 한데 불은 어디서 켜지는지
아랫도리 다닥다닥한 딱지들 그들도 불을 켜는 것일까
부도정리 문구가 대문짝만한데 적선이 될런지
강제철거 앞에 힘에 겨워 빈털터리 장승같이 웃는다
지친 하루를 누일 때쯤 취객들 술주정이 거칠다만
넋두리 공감하는 사이 전봇대 마음 서글퍼지는데
달빛만이 청아하네

창窓

엑스레이 사진이 그나마 속이 시원한 것은
내 속을 밖으로 끄집어내기 때문이지
어린 시절 깊은 우물이 언제나 궁금했다
보이지 않는 것은 명치에 바위를 놓는 것
밖에 있는 사물에 시선을 조절하는 것이
나의 의지에 속하니 얼마나 후련한가
눈 또한 창인 것을
동공의 바다에는 가슴이 일렁이고 비가 내리지
달리는 버스의 차창에도
현상을 덧칠하는 지난날이 스치고
창은 나가고 들어오는 것이 자유로우니
우리들의 바램이 여기에 있기에
오늘도 창가에 서서 밖을 바라본다

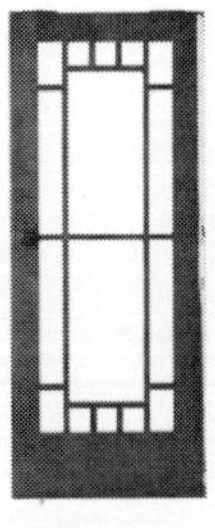

간이세탁소

대포라는 간이세탁소를 지난다
저린 때 바래진 거죽이 화사하게 줄을 지어
비닐덮개 속에서 먼지를 밀어내고 있는데
은퇴를 앞둔 한 할머니 봄 처녀마냥 내숭을 떨며
차갑게 재봉틀 앞에 앉아 세월을 누빈다
세월이라기보다 사람을 누비고 있는 것이다
톱니바퀴 사이로 씹어대는 일침이 날렵하게
검은 사람 흰 사람 노란 사람 잘도 누빈다
삼십 해가 바뀌도록 타국 땅을 무던히도 누볐다
그곳이 헬스클럽으로 가는 나의 길목이어서
찢어진 가랑이 옷이라도 있을 때
한번 누벼야겠다고 생각하는데
지나칠 때 한두 마디 인사를 나누며
지금은 마음만 누비고 있다
고단한 하루를 누비는 그녀가 행복해 보인다

독감

목이 따갑다
업그레이드 된 감기가 머리를 굴린다
목이 급소라는 것을 어떻게 알까
콧물이 흐르는 것은 서곡이다
열이 나면서 목으로 간다
맹수도 목을 노린다
답답한 가슴 일갈 토하는 울혈
목젖 간질거려 온몸을 흔든다
계속되는 기침소리 허공을 날리고
오물이 붙은 목구멍은 용트림을 한다
끈끈이들 목구멍 따갑게 달라붙는다
목은 언제나 명중을 말한다
금융공황시절 그들도 목을 노렸다
포도청 나졸들 모두 풀어
구조조정이라는 이름 하에
목을 조였다 중산층은 사라지고

피라미드 치첸이사

사선들이 마주치며 챠크몰* 제단에 올라
지평을 누르고 신기는 천문이 덤으로 남는다

365계단 일력을 어이 알아
달빛 따라 하강하는 뱀의 화신 쿠쿨칸**

노역의 응어리들은 후세에 불가사이로 남고
제물의 의식은 계단마다 붉게 물들어 위엄을 높였네

까치발을 세우니 답답한 마음 발끝으로 쏠릴 뿐
창공은 말없이 구름 위 푸르기만 하다

무엇이 그리도 갈급했길래 오르던 계단들인가
마야인들 숨소리가 들리는 듯하다

* 챠크몰: 맨 위 꼭지에 있는 사각 제단
** 쿠쿨탄: 뱀의 화신, 양쪽 계단이 달빛 아래 뱀이 내려오는 모습.

노숙자

바닥에 달라붙은 가랑잎을 본다
한때는 푸른 희망이었지
한때는 싱싱한 그늘이었지
아름다운 단풍이었던 잔영이 역력한데
헬로 오케이 외치던 아이들같이
차 꽁무니마다 아우성을 치면서
바람 따라 우르르 몰려다니다니
폭우가 스쳐간 길바닥 여기저기
비에 젖어 달라붙어 있네
금융 불황이 스쳐간 자리
바닥에 달라붙은 생을 본다
꿈과 사랑이 가득한 행복
중심을 잃은 것은 그들 탓도 아닌데
바람 따라 몸을 맡기더니
실의에 젖어 바닥에 달라붙어있네
가랑잎도 진토塵土되면 새 삶이 돋아나듯
그들도 머지않아 바닥에서 일어나겠지

부츠 신발

터덜거리는 부츠신발
겨울을 밟은지 몇 해던가
내 발에 딱 맞는다고 생각했는데
세월에 겨워 벌어진 틈 헐렁하다.
빠듯한 삶을 살아온 우리네들
흐트러진 모습도 삶의 진실인 것을
여백도 낭만인지
투덜거릴 때마다 마음이 느긋하다
무게를 이기려 바동거리는 삶
힙합바지 뒤에 매달려간다
요란한 자동차 오디오 소리
그렇게라도 무게를 벗으려하는가
찌푸린 눈총들이 뒤를 따른다

허공과 여백

허공을 날으는 공을 본다
아쉬운 탄성은 울림이 없네
일탈하는 궤적은 여백이 주는 허탈이다
물 컵 속에도 허공이 있다
세월의 발치에 선 잠결 탓인가
어둠을 섞어 벌컥벌컥 허공을 마시는 순간
역류하는 허탈은 곧 허공의 본질이 아닐까
가령 달이 휘영차게 밝아도
꽃잎이 바람에 휘날리고 나뭇가지가 흔들려도
보느니 없다면 허공이라 할 수 있겠다
거리에는 실성한 사람들이 많다
혼자 걸으며 히죽히죽 웃고 중얼거리니
셀폰이 여백을 날리고 있는 것이다
여백은 풍요롭고 넉넉하나
허공은 삭막하고 허탈하다
바람의 소리도 요란하다면
허공을 누비고 있을 게다

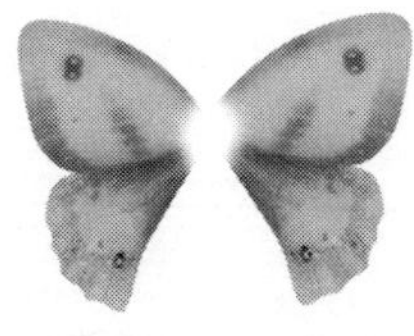

균열

쩍쩍 갈라진 땅을 본다
갈증으로 절규하는 모습은
품고 있는 모던 생물에 대한 대변이다

어버이 가슴이 찢어질 때
분명 자기 자신을 위한 것이 아닐진대
훗날 어버이가 되면 자식들도 알게 되네

갈기갈기 갈라지는 조국의 정체성
땅이야 무엇이 달라질까마는
생육하는 민초들 어쩌란 말인지

목마른 조국의 갈증
물 때문이 아니라 산으로 행하는
노 젓는 사공들 때문인 것을

유리벽

유리창에 달라붙은 검은 점은
허용되지 않는 흑파리의 자유다
시야는 투명한데 가로놓인 벽
시각도 촉수도 예견치 못하나 보다
갈팡질팡 허우적거리는 절규
파리채를 든 손의 맥이 풀리는 것은
다가서는 나의 착각이다
안쪽이라고 생각했는데
탈출하려는 몸부림인줄 알았는데
도전은 밖에서 일어나고 있었다
착시의 와류 속에서 소통은 절실하나
동일 공간 같은 세상인줄 알았는데
보이지 않는 벽이 있다니
우리들 사이 놓인 유리벽을 본다

촛불전등

파리한 촛불전구 한 알이
복도를 감당하기에 가녀려 보여도
어둠이 짙어지면 그리도 밝은지
등대가 되느니
우리들 삶이 하찮아 보여도
자세를 낮추어 나를 벗어나면
어두운 곳 밝아지나니
홀로 세상을 스스로 가두면
삶바람 어딘들 가벼울까
삶이란 나를 벗어날 때 가벼우니
주변을 돌아보는 것이 아닐까

진료診療

진찰대 위에 몸을 누인다
이완된 몸과 마음이 순간 끈을 놓는 세상사
건반 위 손가락이 가슴 현줄을 튕기듯 통통
잘 익은 수박을 찾는 손들이 기웃기웃 한다
긴가민가 확신을 위해 요구되는 조직검사
삼각 칼집을 넣자 낚아올리는 붉은 살
도마 위에서 날렵하게 움직이는 손들
가죽을 벗기는 듯 비늘을 친다
앙상한 뼈들이 MRI질통에서 주르륵 미끄러진다
누가 이 세상을 지옥이라 했던가
기나긴 터널을 지나니 세상이 제대로 서서
앉으세요. 신경성인데 약을 좀 드세요, 한다
펼쳐지는 처방전 글자 하나하나 보기가 힘들다
생로병사 한 알씩 아침저녁으로 먹으라 한다

지하철

바닥으로 고개를 떨어뜨리는 순간 지하철은 자존심을 삼킨다
달구지가 언덕배기에 엉겨 콧구멍마다 김이 물씬하다
늙다리 어미 소 침을 질질 흘리는데 입은 손등을 훔친다
쾌쾌한 땀 냄새에 벌렁거리며 다가서는 강아지 콧잔등
아내의 잔소리가 화음을 일으키니 날선 충격이 다가선다
바로 잡는 듯한 자세 다시 기대는 자존심에 매달리는 추락
일격이 다시 오고 계면쩍어하는데
틈새에 낯선 알림이 끼어들고
되돌아가야 한다는 절박감에 때를 놓친 자신에 울화가 치민다
마지막 때는 항상 깨어있어야 하는데

조기 세 마리

놀놀하게 구우라는 주문을 아는지
몸을 수시로 뒤집는 조기 세 마리
어머니 돌아가신 날 멀리도 왔다
눈을 감은 모습이 그리도 같은지
모든 것 체념한 듯 몸을 맡긴다
서툰 솜씨에 살이 허물어지니
등창이 나신 어머니 아픔이 온다
코를 막았던 냄새가 이렇게 구수하니
불효인 듯 아닌 듯하다
골목길 접어드는 샛바람
귀신같이 문틈을 비집고 얼굴을 내민다
안내등 불이 오면 오시나 보다
불이 꺼지면 먼 길 가시나 보다
수십 년 기억이 깜박거리는 사이
살이 탄 조기 세 마리
까만 어머니 가슴을 보인다

양말

보폭步幅에 제동을 거는 양말
스톱사인을 세월의 길목에 걸 것이지
제 몸 헐기도 전에 탄력부터 잃어
주저앉는 모습이 헐렁하다
한 가닥 자존심으로 버티었던 탄력성
손맛에 겨워 멍이 들었나 보다
힘줄을 덧칠해도 볼품이 없네
토사구팽 용도폐기 그들의 상표는 다양해
놓여진 운명을 거역하지 못한다
쓰레기통에서 맴도는 그들을 본다
아쉽다 그들을 탓하려다
내 종아리 볼 낯이 없어 헬스장을 누빈다

꽁초

바닥에 뒹구는 꽁초를 본다

물보다 더 목마르게 입질하더니
사랑보다 더 소중하게 애무하더니
진액을 삼키고는 바닥에 팽개치네

숨이 붙어있다고 몸부림쳐도
자근자근 씹히기도 하고
비틀려 비벼지기도 하네

바람에 휘날려 몸을 가누지 못할 때
불상사는 내 탓이 아니라네
노숙 끝에 스스로 목숨을 끊지만
확인사살을 당하기도 하네

타성이 된 그대들에게 묻고 싶다
무엇인가를 위해 자기 몸 태워본 적 있는가
타다가 남은 목숨 버림받은 적 있는가

강변 오리알

직립이란 허공에 몸을 세우는 일
입신이란 세상에 몸을 세우는 일
키를 더할수록 바람은 강하다
옹이도 없이 마디도 없이
무거운 몸, 높이 세우려 하니 꺾이지
옹이로 제 몸을 다지고도
속도 비워야지
해가 밝아 달이 밝아
오리알이 강변에 허벌나게
주먹만한 활자가 아침을 누빈다
옹이로 영근 나무들
마디로 야문 민초들
세상살이 뿌리가 같기를 바라지
걸어온 길목 거센 바람을 잊을 수 없지

휴지의 유골

부피를 더할 때 보람차다
통뼈를 보고서야 느꼈습니다
신진대사新陳代謝가 설법하는 좌선坐禪의 결과입니다
구세주같이 데뷔도 하지만
살결이 뜯길 때마다 고통은 여생餘生 앞에 섭니다
순백으로 태어났어도 오물을 뒤집어쓰고 수장을 당해야하니
물이 된다는 것은 보이지 않는 것이며
무無로 회귀하는 것입니다
흙이 되더라도 시신이 남는다는 것은 더 높은 존재입니다
존재한다는 것은 존재가 소진하는 것입니다
소진하는 빈도는 원천에 보다 더 다가서는 것이며
시간은 이를 재촉할 뿐입니다
가진 것 소진하고 나면 남는 것은 통뼈 하나
수장된 두루마리 휴지의 유골입니다

물에 대한 소묘

물이 바닥에 하얗게 쌓여 있다
본시 물인데 이름하여 왜 눈이라 했는지
물이 갖는 본성을 흐르는 것에도 머무는 것에도
곡선을 긋는 것에도 덧대어 물어본다
선천적이라기보다 후천적인지
물음을 거듭하는 사이 대답이 비집는다
허공이 얼면 펄펄 나부끼기도 하고
하얗게 질려 빙판이 되기도 하고
유유히 흐르기도 하며
하얗게 온누리 새롭게 바꾸기도 했었네
어느 때는 희기도하고 파랗고 검푸르기도 하니
허방이 얼던 날 색깔은 회색빛이었다
달구지마다 춥다고 달달 떨며 입김을 내는데
회색빛 저들도 하늘에 오르겠지, 생각하니
본성을 묻는다면
대답은 아무래도 어디에 있는가이다

발자국 · 1

뒷산 오솔길 많이도 다녔는데
내 발자국 하나도 보이지 않네

하얀 눈이 이래서 좋은가 보다
따라온 길에는 발자국이 선명도 하다

뭇 사람들 발자국 위에 덧칠을 해도
내 발자국은 찾을 수 있네

황무지 위에 세운 나의 발자취
白雪이 아니라도 평생이 묻혀 있어

이곳저곳 아직도 뚜렷할 터니
언젠가 그 흔적 밟고 싶다

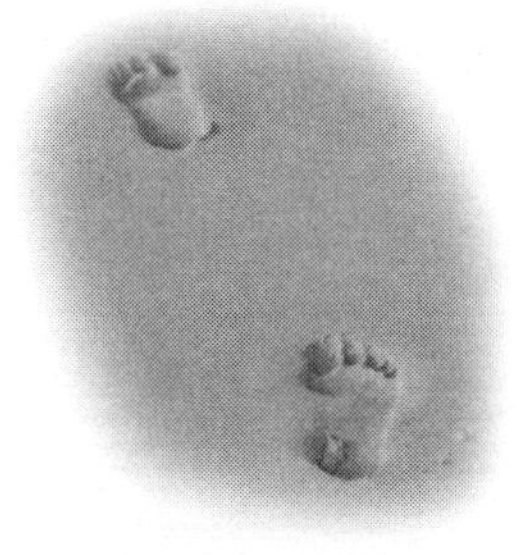

발자국 · 2

앞만 보고 걷는다
따라오는 너를 알지 못했다
너는 언제나 뒤에만 있으니
뒤돌아서면 네가 앞으로 가려나
고향도 너 같아 너무나 낯이 설다
인걸이야 옛말과 같다 하나 산천도 다르니
내 고향은 언제나 정수리 뒤에 있다
앞서는 발자국을 보고 싶어 눈을 감는다
어느 발자국이 고개를 밀려나
유년의 시절은 언제나 행복하다
한 시절 누볐던 운동화 자국
목말라 헤매던 안전화 그리고 살롱구두
그것도 그리움 속에 있다
봄바람 따라 그들도 걸어오네
화사한 햇볕을 가르며 걸어온다

카펫

삶이 뒤뚱거릴 때는 바닥을 볼 일이다
푹신한 바닥 엇갈리는 자리매김에
시간이 흐르면 뼈는 울기 시작한다
어긋난 기울기에서 고통은
대간을 오르고 머리에는 통증이 따른다
앉은 자리 편안하다고 마냥 좋아할 일은 아니다
골반에도 뼈의 기울기는 있다
시간이 흐를수록 변곡점은 자리를 잡아
익숙한 몸은 비탈에 설 것이다
땅이 좋은 것은 바닥이 딱딱하기 때문이다
딱딱한 바닥은 촉감이 나쁘다 해도
자세는 바르고 정신은 맑다
하루 생활이 딱딱하고 메마르다 해도
부끄럼이 없으니 밝은 생의 흐름일 것이다
삶이 울렁이면 삶의 바닥을 볼일
지난 삶이 얼룩진 바닥, 오늘을 본다

곡선으로 흐르니

눈보라 부르는 쉰 소리
언 겨울강 아래 굽이굽이 바닥에 깔려
내 마음 적셔온다
저렇듯 곡선에 기대는 강물은
곧은길 몰라서일까
직선을 그으면
둔덕을 넘어 주변을 할퀴고
삶을 뒤덮는 것을 그도 알고 있나 보다
주변을 살피며
두루두루 휘돌아 목을 축이니
보는 이 마음도 부드러워지네
그도 세월을 끼고 서서히 흘러
조근조근 산천을 음미하며 바다에 이르네
겨울을 빗대어
세월에 재갈을 물린 얼음강
졸졸 봄을 노래하려
오늘도 곡선에 기대어 서성거리니
나 또한 곡선에 기대어 삶을 서성이고 싶다

저울눈

바르르 떠는 저울눈
눈금을 읽으려니 정신을 못 차리는 듯
몸무게를 허둥거린다

망설이는 모양새가
햇볕이라도 제대로 얹어서
공기의 무게라도 바르게 재야겠다는
그들의 의지는 옳다

눈치만 보는 혈압계
디지털이라고 자만하지만
매번 숫자를 얼버무리기만 하니
저들을 믿고 처방을 하다니

올곧게 읽지 못하는 오늘의 잣대들
눈도장 찍기에 급급한 눈금들
눈치만 보고 있으니
푸줏간 저울들이 들여다본다

제로의 무게

제로의 무게를 저울질하며
내가 선 자리 빗대어 생각해본다
뒤에서 서성거려 볼까
앞에서 얼쩡거릴까
제로의 허실이 이렇게 다르다니
줄줄이 뒤에 설수록 몸집도 크고
이 세상 富라면 영화도 크겠지
정수 앞에 서서 콤마를 찍어
세속과 거리를 둔다면
줄줄이 설수록 한없이 작아지겠지
空에 가까워지겠지
무아에 가까워지겠지
마음을 비우고 몸을 비우게 되려니
허공은 커지고
낙타의 몸집은 작아져
들락날락 자유로워지겠지
하지만 한세상
뒤에 서고 싶은 마음 가눌 길 없다

레임덕

칠순을 넘긴지 엊그제인데
어느덧 중반으로 치닫고 있으니
눈은 침침하고 기억은 아리송해
숫자가 3인지 6인지 8인지
두고 온 자리가 여기인지 저기인지
본의 아니게 거짓말하게 되네
한번 외출할라치면
오르락내리락 몇 번을 해야 하는지
집 밖을 나가 되돌아오기 몇 번인가
팔은 수없이 흔들어도
다리는 잘 따라오지도 않네
제 몸도 이러하거늘
나라님이야 말해서 무엇하리
눈치에 익숙한 그들이
오 년 단임 앞에서 지는 해 바라보며
팔짱이나 끼고 노을이나 구경하지

북어, 너의 전생은 내가 알지

왔던 곳도 가야할 곳도
누군들 알까마는
북어 너의 전생은 내가 안다
한세상 휘저었던 대양의 자유가 아닌가
코다리로 젖은 몸 말리며
어릴 적 노가리로 선술집을 드나들었지
물기를 털면서 名退가 되더니
그로서 명태는 생을 다한 거야
태어날 때부터 고난을 겪은 北魚
숨 한번 제대로 쉰 적 있었던가
삭풍으로 배를 채우며 울며불며
세상 어디선가 비비적거렸지
명퇴를 하고 나서 건달이 되더니
얼다 마르다 역경을 거듭하기 수십 번
비로소 이름 하여 황태라 하니
다시 태어난 賢者를 생각한다

껌의 노후

노숙한지 오래지 않습니다
버려지고 밟히니 삶이 바닥입니다
제 몸 앞가림도 할 수 없어
오가는 이에게 거머리 같이 달라붙고 있습니다
지난날 부드럽고 향기롭던 시절
아방궁에서만 살았습니다
단물 빠지고 몸 굳어지니 토사구팽
모두 어디다 버린 지도 모릅니다
은빛 속옷 입고 곱게 단장했을 때
귀엽다 주머니에 넣고
생각나면 발가벗겨 잘도 구슬리더니
바닥 어딘가 생각도 없이 버렸습니다
꽃제비인들 무엇 다르겠습니까
노숙자인들 무엇 그렇게 다르겠습니까
껌딱지라고 부릅니다.
이처럼 버림받은 적 있습니까
누구 한 번이라도 밟힌 적 있습니까
여생이 있어 달라붙습니다만
헌옷이라도 입혀주면
이제라도 남몰래 떠나렵니다

백구에도 편심이 일고

- 골프를 치며

갸웃거리는 새들의 의문에
날갯짓은 직선으로 답한다

저공으로 비행할지라도
자전의 속도에 축을 세우며
바람을 타고 초원을 접었다
내비게이터로 착지를 더듬으며
초구는 성공의 징검다리
언제나 불안하다

곡선을 그리며 불시착하기도 하나
궤적은 언제나 보내는 자의 몫
볼기짝을 맞을 때부터
비구 선은 직선이었으나
때로는 방향키에 편심이 생긴다

멍이 들도록 엉덩이를 맞으며
고고의 일성을 울린 우리들의 삶
직선으로 걷고 싶으나
편심이 어딘가 있는 것 같다
가끔 불시착이 당황스럽다

짜깁기

돈짝만한 크기에 씨줄 날줄이 수없이 교차하는 마름모 사거리, 엉덩이 왼쪽 꿰맨 자리 봉합 솜씨 좋아 어두운 눈 질편하게 펴지고 앉아도 생살이거니 지날만한데 마누라 눈은 외출 때마다 해등잔만 하게 적색등을 켜 발걸음 뒤로 한다 동병상련의 마음이다 몇 해 전 수술한 흔적 아직도 역력하여 바지끈 내릴 때마다 용케도 살았구나 위로 반 한탄 반 운명이거니 하는데 이들이 서로 감싸 안으며 다독거리는 것 같아 나도 누구 눈치 보지 않고 즐겨 입고 나들이 하는데 마음이 고개를 들고 하는 말 나도 요즈음 상처를 받아 아프다 한다

어느 병원에 무슨 처방이 필요할까 생각한즉 시를 사랑하는 것이, 제격인 것 같다고 응급 자가처방을 한 후 종일 마음을 시집 위에 올려놓고 짜깁기를 하니 내 옷도, 몸도 그리고 마음도 한통속이 된 듯 서로 위로한다

난지 난사難之 難事

난지 난사難之 難事는
곡선이 아니라 직선이란다
쪽 바른길이 그리도 멀까
바로 코앞 같은데 걸어보고야 안다
올바른 길이 쉬울 것 같은데
살아 보면 어디 그러하던가
정의라는 것이 당연한 일인데
그것이 그렇게 쉽던가
옳고 그릇됨을 모르는 자 없다만
행하는 자 많지 않으니
가슴속 이르는 길 밟는 길 다르니
각角은 벌어지고 길은 멀어져만 간다

흐르는 물만 보았습니다

흐르는 물만 보았습니다.
세월을 끼고 흐르는 물만 보았습니다.
흐른다는 것은 높낮이 탓인데
유수 같은 세월을 아쉬워했습니다.
이제 넋을 세워
오르는 물을 보렵니다.
나무에도 풀에도
산에도 들에도
오르는 물을 보렵니다
햇볕을 부르는 물을 보렵니다
푸른 잎을 부르는 물을 보렵니다
봄이 열리는 온누리
신세대에 기우는 우려를 뒤로하고
세상에 우뚝 서는 젊음을 보렵니다
국운이 융성하는 젊음을 보렵니다

순간에 대한 소묘

순간이라는 세월의 마디 하나
의식 없이 흘러가는 시간입니다
마디 어디서는 절망과 희망이 옹이 집니다
옹이 많은 세월은 바람이 자지 않습니다
바람의 흔적은 세월의 나이테로 남습니다
마디 어디서는 세월의 미라로 생생합니다
미라가 된 마디는 영원하기도 합니다
순간을 곱씹으면 맛이 납니다
조금 전이라는 앞마디에서도
나중이라는 뒷마디에서도
지금이라는 마디가 살아있습니다
지난 누구도 이 말을 할 수 없습니다
최선을 다하지 않을 수 없는 지금입니다
그래서 오늘의 의미를 알게 됩니다

카리브해변

수평선이 이렇듯 가깝다니
검은 구름이 수면 아래로 스며든다
바람의 노래는 높은 음 자리 파고는 그 높이를 더하고
농익은 가을을 뒤로하고 찾아온 해변
옥색 치맛자락 겹겹이 발목을 잡는다
동해안 톳나물이 예 온듯 잎새도 싱싱하네
빗속바람에도 따뜻한 물속 수중마사지는 촉감이 좋아
야자수 잎새 휘날리고 여인들 나신에는 낙엽이 뒹군다
산호의 모래는 비탈져 발자국마다 새로운 이야기
파도는 애닯다 쓸어가네 기억의 찌꺼기는 언제까지
세월은 오늘 추억도 쓸어가겠지

허리띠 구멍마다

가난은 언제나 구멍이 두렵다
구멍을 조이는 허리띠
조이면 조일수록
죄일 수 있다는 허기의 착각
속박은 자유를 밀어낸다
남을 옥죄는 안하무인들
그들은 약한 자에게 강하다
재스민 꽃향기가 그윽한 언덕에는
비린내 나는 가난이 있다
피를 보고서도 허리띠는 조이니
이빨 자국들 구멍마다 헐고 있다
가죽이 가죽을 만나는 날
가난은 비로소 몸을 푸는지
허기는 착각을 벗어나겠지

길

언제나 밟히기만 했다
맨발도 육중한 바퀴도 저희 마음대로
비바람이 상처를 내어도 처분만 기다리며
오솔길이든 대로든 그들이 원하는 대로
단 한번 거절하지도 불평하지도 않았는데
눈에 보이는 길이던 아니던
오가는 표시는 그들이 하기에
성공 길도 실패 길도 그들의 몫
나는 그 길을 내어 줄 수밖에
나는 언제나 순응만 하느니
오가는 이 내가 있음을 마음에 두어
길이 도道가 되고 도리道理가 된다면
이 길 또한 내 몫인 것을

2부

내 방에 창 하나 있어

깨닫는 것이

물에 얽힌 원효스님 일화는 제쳐두고라도
깨닫는 것이 어디 고행만의 일이랴
초저녁 취침 덕에 한숨 자고 나니 심야다
사이버공간을 배회하다 피로에 지쳐
침상에 누이는 순간
발자국 소리 크다
누군가 하고 두리번거리는데
위층에서 나는 소리
나 같은 사람이 또 있다니
비로소 위층에 사람이 산다는 것이
위층에도 집이 있다는 것이 새삼스럽다
하늘 아래 내가 산다는 것
그것이 전부가 아니라는 생각
이승과 저승 어렴풋하나
원초적 숙제가 적어도 나에게만은
이렇게 깨닫게 되다니 마음이 가벼워진다

하야下野

식욕도 가득 채웠다 먼 길 앞에서
시속 12킬로미터의 신나는 질주
반 시간 남직한 주행 흐릿한 시야
피가 밥통으로 쏠리는 자율 현상
눈꺼풀이 무거워 아래로 처지고
동공이 가리지 말라고 소리친다
쏠린 힘 억지로 끌어올렸다
꺼풀은 내리고 또 내려
삶의 무게보다 더 무거워
퍼부어대는 졸음 이기지 못해
허벅지 손찌검 연신 퍼부었다
내장도 눈꺼풀도 모두 제어 불능
끼이익 긴급 제동이 걸리고
고속도로 어깨에 멈춤이 왔다
핸들을 놓고 민초의 요구를 들었다

삶의 흔적

어귀부터 폐차장이 어수선하다
잡다한 소음들이 불꽃 튀며
망가진 몸체 이곳저곳 검시관들이 뒤진다
무슨 차길래 이토록 망가지다니
일격이 치명타였나 엔진이 해체되고
쓸만한 부속들이 용처를 찾아 분류된다
사라진 것은 무엇인가
삶의 흔적을 찾았다
번호가 앞서고야 실체가 엮인다
역시 이름이다
차적을 보자 살아온 이력이 말한다
애초부터 태생은 무無다
쓸만한 부속들은 낯선 번호 아래 입적되고
링 위 카운트소리 아물거리는데
장기는 조각조각 헌납되어
이름 바뀌어 생을 누린다

각은 무디어지고

구르는 공을 본다
가파른 골목길 구비구비
바람이 그늘을 안고 각이 진다
날들이 뾰쪽한 울밑을
높낮이 토닥거리며 잘도 구른다
소갈머리 빈 탓일까
탱탱한 복원력
수십 년 굴러온 몸을 본다
정이 노린 각진 모습
어느새 둥글둥글하다
모난 곳 많이도 부딪쳤다
이 몸 둥글어졌다만
그들 얼마나 상처를 입었을까
세월은 상처를 잊고 각은 무디어졌다

무소유를 찾아서

무소유를 어디서 찾을까
마을마다 골목마다 서성이니
공간에는 소유가 가득했습니다.

산에 가면 무소유가 있다기에
들에 가도 무소유가 있다기에
산으로 들로 발걸음 옮겼습니다

잔설이 겨울을 비켜선 이른 봄
논두렁 밭고랑마다 나뭇가지마다
여백이 시절을 쫓아 즐비했습니다

봄이 오면 푸른 잎 맞으려
봄이 익으면 꽃잎 맞으려
때를 맞추어 텅 비었습니다

무에서 유가 열리는 이른 봄
무에서 무소유를 찾기보다
유에서 무소유를 찾아야한다고

불필요한 것 모두 버려야한다고
덧칠한 것 모두 덜어야한다고
그들이 하는 말 들었습니다

전화 좀 받게나

태평양 맞은편 신호음이 다급하다
청신경이 허탈할 때쯤
수신자 부재라는 소리가 뜬다
011 핸드폰을 두드렸다
따뜻하고 정겨운 목소리가 이리도 갈급 할까
달팽이관이 균형을 잃으면서 무겁던 삶이 뜬다
소문대로 국번이 바뀌었나 보다
애닯다 자네가 없는 세상이 있다니
아픈 가슴을 안고 9000대 국번을 돌렸다
구천九泉에는 그런 사람이 없다고 한다
후덕한 사람이 그곳에 있을 리 없지
뭇사람들이 존경하던 자넨데
1009[天國] 국번을 돌렸다 안내원이 묻는다
소천召天 일자가 언제냐고
대답을 못하는 나 자신이 너무나 부끄럽다

* 2008년 4월 9일. 친구의 부음을 듣고.

암병동

암癌벽 난간에 달라붙은 생을 본다
핏기 잃은 얼굴들이 시간을 외면하고 있다
가슴에 제마다 숫자를 달고서도 읽지 못하다니
1기 2기 3기 숫자들은 오르기만 하려고 꿈틀댄다
뜨개질하는 노파는 복도를 휘젓는 숫자들을
모두 가두려 주머니를 짜고 있다
무단 침입자를 용서하지 않던 평생이
제살 반란에 속수무책인 듯
호명을 놓치지 않으려 귀청을 넓히며
앞선 사람을 응시하는데
배신한 세포들에게 아량을 구걸하며 결과치 앞에 선다
뻔한 대답을 뒤로 하고 예약 날짜를 잡은 손이 허탈하다
반란은 조만간 몸을 비울지도 몰라 불안하나
그들도 일병장수라는 말을 알고 있는 듯하다

대장검사

하수도 검사한지 여섯 해가 지나
불안한 마음에 자각증세가 더하네

식염수 네 병으로 세척을 했더니
말끔히 비어져 한결 몸이 가볍다
장 하나를 비워도 이리도 가벼운데
몸을 비우면 얼마나 가벼울까

검사를 하고 돌아서는 순간
결과치 앞에 마음이 편안하다
걱정 하나를 덜어도 가벼운 마음
마음을 비우면 얼마나 가벼울까

생각과 달리 구절양장이 하는 소리
식당 간판이 보인다고 발걸음 재촉한다
허기 앞에 장사 없으니 달래고 볼일
목구멍이 삶인 것을 현실인 것을

망각

정상에 올라야 단 몇 분이라는데
고산준령을 왜 오르고 내릴까
장강長江을 건너야 무엇이 보람인지
또 건너고 건너는지
노정路程에서 표출된 갈등과 후회
왜 그리도 쉽게 잊혀지는지
제마다 성취감은 다르다 하나
뒤돌아 바라보는 유혹은
채워지지 않는 포만감이어라
시도는 결과를 낳고 결과는 망각을
망각은 도전으로 이어지네
패기가 선 자리 오기로 거듭되니
망각은 도전의 어머니인가
오늘도 내일도 또 이어지리

수술

잔디보다 잡초가 많은 뒷마당
비워둔지 두 해 세월이 총총하다

바닥을 교체하려다
잡초 하나하나 솎아내는 칼끝
무릎도 허리도 버티기 힘들어
내려놓는 엉덩이 바닥이 차다

잎사귀 부여잡고 원천을 찾아
뿌리째 도려내야 후환이 없다기에
이 잡듯 샅샅이 뒤졌네

땀방울 사이로 찾아드는 현기증
암세포 하나라도 놓치지 않으려
안간힘 다하던 그녀 백의천사
메스가 얼마나 힘겨웠을까

재발하지 않아야 한다고
다시는 발을 붙이지 못하게
따가운 햇살 짓이기는 상념에
한 밭 가득 잡초가 시든다

내 방에 창 하나 있어

내 방에 창 하나 있어
별이 보이니 그리도 고마운지
내 방에 창 하나 있어
달이 보이니 이리도 따스한지
칠흑 같은 밤이라도
별들과 더불어 이야기하고
달이 전하는 사연을 듣다니
더더욱 고마운 것은
앉아서도 그들을 볼 수 있고
누워서도 그들과 벗할 수 있다네
보다 더 고마운 것은
내 마음에 창 하나 있어
그들과 이야기하고
그들을 노래할 수 있으니
세월이 빨라도 즐길 수 있다네

사랑이란 말

사랑이란 말 그리도 쉬우리
시나브로 하는 말 익히려 합니다
쑥스러워서 이제껏 참았습니다
속내가 드러날까 의연했습니다
사랑하지 않은 것 아닙니다
사랑은 몸짓이고 느낌인줄 알았습니다
사랑이란 말을 이제야 쓰려 합니다
부끄럽고 멋쩍어도 해볼까 합니다
다섯 살 여아女兒 따라 첫마디 읊으니
정말 행복이 다가오는 듯합니다
가는 말보다 오는 말이 더 진합니다
그래도 너무나 귀해 망설여집니다
말이 헤피질까 고이 쓰렵니다

털어야 하는데

이 구석 저 구석 수군거린다
게으름뱅이라고 손가락질하네
무에서 유가 많이도 생겼다
이것은 분명 진화한 것인데
하느님도 부정하지 않으시겠지
청소한지 며칠 되지도 않았는데
구석마다 어둠을 포식하며 꽃을 피웠네
빛을 등지고 이 몸 어딘가에 쌓였을 먼지
가끔 털어도 알게 모르게 쌓이지
누군가 세상사 털자고 하니
묵묵부답 자살도 하더이다만
스스로 털어야하는 먼지
누가 말하기 전에 털어야 하는데
오늘 주일이니 우선 털어야겠다

목석이라 하지만

흔히들 목석이라며 삶과는 거리를 두는데
한 그루 나무 화분을 버티고 세월을 읽고 있다
체감온도는 언제나 23도 바람 한 점 없는 거실
햇살이 이따금 소곤거릴 뿐 인기척만 오가는데
계절의 감각을 어이 알아 한 잎 한 잎 내려놓는다
말없다 생각하여 언제나 목석이라 했는데
바람을 쐬고 싶어 세상을 보고 싶어
얼마나 멍울진 것인가
분 그릇에 갇혀 오금을 못 펴는 뿌리를 보고도
싱싱한 잎사귀만 바라보는 이 기찬 함수 눈금
방콕이라는 신조어로 물들이는 그들에게
속 시원하게 젊음을 터트리고 싶을 테지

삶의 길이

숫자에 무게를 두고 싶지 않습니다
내가 걸어온 나이테와 달리
삶의 길이는 짧을 수도 있고 길 수도 있습니다

삶이 과거에 머물수록 보다 더 짧아지고
오늘에 있으면 숫자에 무게를 두게 되며
삶이 미래에 있으면 길어질 것입니다
양과 질의 문제와는 다른 측면입니다

개념을 구체적으로 형상화해 봅니다
늘어진 고무줄을 앞으로 더 당기면
길이는 더 길어지나 앞을 놓게 되면
원점으로 회귀하며 줄어듭니다

삶이란 미래를 내다볼 때 길어지고
미래를 놓게 되면 보다 짧아집니다
오늘에 최선을 다하는 것도 좋지만
미래를 보고 최선을 다할 때 보다 더
삶의 길이는 길어질 것입니다

빈소리

깡통 구르는 목청이 카랑카랑하다
바람 좀 분다고 요란도 하다
뭉개지는 체통은 스스로 자초한 탓이지
고단한 몸 침대에 하루를 누이니
조율하는 헛소리
빈 뼈들의 울음소리 골다공 소리
깡통이 구를 때 객장 저 멀리서
계좌들은 얼마나 울먹이는가
롤러를 굴리는 오징어
제 몸 엷어도 소리 한 번 지르지 않네
민의의 전당에서 깡통 구르는 소리
아우성치는 촛불 속을 채우고 싶은 것이지

눈으로 듣는 소리

한 방울 한 방울 소리도 크다
방울져도 물의 존재는 뚜렷해
어울림에 따라 울림이 다르다
외가닥 소리는 홀로 크게 울린다

물의 소리는 귀로 듣지만
눈으로 듣는 소리도 있다
숨이 막힐 듯 긴장이 감도는 병실
방울방울 회복에 대한 바램은 절실하다
링거는 소리를 내지 않는다
간절한 기원을 담아 눈으로 볼 뿐이다
얼굴에서 몸에서 들리는 소리를 본다

눈으로 듣는 소리도 있지만
마음으로 듣는 소리도 있다
빈 몸에는 한 말씀 한 말씀 빈 마음이 내린다
어렵고 절박할 때 소리는 크다
영혼에 내리는 울림이다

녹차잎 그 향기

녹차잎 그 향기 입안에 가득하다
무게를 더해 바닥에 깔린 찻잎
너는 가진 것 가없이 다 내려놓았다

흐르는 곡은 하이든 교향곡 제45번
내면과 작별하는 네가 보인다
선율은 보다 더 감미로워
남겨 놓은 향기 더욱 향긋하다

친구들 어디 갔나 살펴보니
그 향기 몹시도 그립다
생각하니 이내 향기 너무나 엷다

어떤 향기 덧칠할까 생각해본다
녹차 잎 향기 닮고 싶다만
찻잎 하나 없으니 떫은 삶 면할 수 없다

앞이 보이지 않을 때

시야가 흐릴 때 있습니다
탄력이 붙은 생生의 속도에 찬바람이 일어
따뜻한 바람이 그립습니다만
흐릿한 시야는 동공에 스며들고
브러시는 소리만 요란합니다
앞이 보이지 않을 때는 뒤돌아 봐야합니다
순간 놓치는 시야 앞에 돌출하는 위기
돌아보지 않고도 뒤를 볼 수 있어야합니다
거울은 언제나 뒤를 보여줍니다
앞이 보이지 않을 때는 뒤를 보면 됩니다
지난날 매듭을 찾아 그때를 생각하며
보다 나은 대안을 찾습니다
최선의 대안은 지난날에서 나옵니다
앞이 보이지 않을 때는 뒤를 봐야합니다
오늘도 거울 앞에서 서성입니다
각도를 조절하는 아침입니다

내 마음에만 삶을 기대고

거울이 점점 낯설어집니다
본 듯한 내 얼굴이 긴가민가하니
자신을 자각하는데 시간이 걸립니다

대못을 박아도 나이를 더하는 거울
언제나 기억을 되살려주니
세월이 흘러도 정신이 말짱한 거울
흘러간 시간의 그림자도 없습니다

세월을 솔직하게 뱉어내는 거울에
지난 세월을 커다랗게 붙였습니다
낯익은 나의 모습들
봄날같이 생기가 되살아납니다

마음과 몸과 나이가 아우르는
아직은 젊은 사람, 못할 일이 없으니
내 마음에만 삶을 기대고 싶습니다

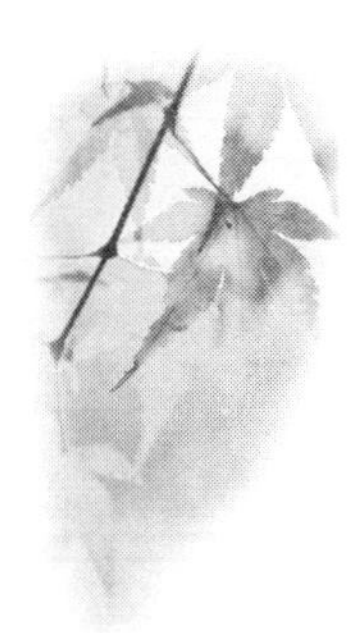

밟히니 꿈틀거릴 수밖에

협곡을 누비는 산책길에서
아스팔트를 움켜쥐고 있는 잔설을 본다
이빨을 하얗게 드러내고 있는 잔설들
봄날 눈 녹듯이 그들도 녹고 싶을 텐데
물 흐르듯 흐르고 싶을 텐데
물 뼈가 되어버린 그들
꿈틀거리지 않을 수 없나 보다
밟히니 뼈가 되고 얼음이 되었으리
제스민 꽃이 활활 타오르는 것도
애시 당초 그들도 눈 같은 사람들
밟히니 이빨을 드러내는 것을
총부리가 그들을 쓰러뜨려도
회오리바람이 되어 몰아치는 것을

존재의 깊이

어디에 눈이 있어
어디에 귀가 있어
씨앗은 땅속에서 때를 알아
씨앗은 흙속에서 봄을 알아
싹을 트이고 꽃을 피우는지
미라가 된 한 알도 존재를 아는데
보지 않아도 듣지 않아도
놓여진 여정이 아니던가
여정에 아우르는 때가 오면
꽃은 지고 열매가 열리리라
말씀대로 거두리

강제 이주

터전을 움켜쥐고
뿌리를 놓지 않는 한 그루 나무
좋은 곳에 이식하려고
밑동을 들어 올리니
만만치 않는 저항이 거칠다
힘에 겨워 벌렁 드러눕는
반항의 원천에 상처가 많다
터전에 대한 집착일까
적응에 대한 두려움일까
불문곡직不問曲直 옮겼더니
몸살을 하는지 잎이 시들시들하다
부엽토를 한 자루 넣고
물을 가득 주면서 달래본다
정들면 고향이니
마음 붙이고 살라고
언젠가 이 마음 알 날 있으리

내 영혼 거울같이

하늘이 파랗게 가없이 높습니다
호수에 담그는 마음도 끝없이 깊습니다
내 영혼 거울같이 비추어봅니다
나에게도 그런 일 있습니다
부끄럽고 눈살 찌푸리는 그런 일 있습니다
누구도 예외가 아닐 것입니다
생각할수록 무기력했던 지난날
영혼이 주름 잡힐까 두렵습니다
많은 일 가운데 얼룩진 사연들
내 영혼 거울같이 비추어봅니다
돌이킬 수 없는 오늘
비우는 마음에 앞서
평범하게 살 수 있는 오늘이 주어져
삶의 일몰이 정말 행복합니다

타는 숯불 끌 수도 없고

이글거리는 숯불을 헤집고
불잉걸이 환하게 웃는다
저를 살리려 많이도 어려웠는데
망각의 불꽃은 환하기만 하다
제 몸 어설플 때
설 구운 고기 손바람이 일었다 해도 환하게 웃는다
구울 고기 더 없느냐고 뒤늦게 잉걸불이 다그친다
나를 이렇듯 뜨겁게 달궈놓고
어쩌느냐 말이냐 푸념을 하니
삶이란 언제나 엇박자
활활 타는 숯불 끌 수도 없고
꿩 대신 닭이라고
날름 고등어 몇 손 석쇠 위에 누인다

사랑이란 내리는 것

보도를 움켜쥐고 한사코 버티는
한 무리의 오리때 배짱을 깔고 있다
열리지 않는 길 다가서니
미동도 하지 않는 그들 방어에서 공격으로
긴 모가지 곧추세우며 혓바닥에 열을 올린다
새끼를 품은 양보할 수 없는 진퇴
사랑의 원천이 아닌가
홀로 서기까지 이어지는 그들의 사랑
독립은 그들에게는 이별이며
우리가 알 수 없는 결별이다
대가성이 없는 그들의 사랑
원초적 사랑의 참모습을 본다
사랑이란 물 흐르듯 내리는 것이며
거스르는 것이 아닌가 보다
사랑을 역류시켜야하는
효도라는 이름으로 사랑을 펌핑하는
우리들의 삶을 곱씹어본다

숲을 그려보는데

종이 한 장에 빈 가슴 채우려
오솔길 걸으니 숲이 걸어온다
노란 줄무늬가 빨갛게 찍히고
땡땡이 보라색이 점점이 휘날리며
하얀 타원들이 군데군데 모이니
바닥에 초록이 깔린다
큰 그늘이 장석같이 서고
자잘한 그림자들이 재잘거리니
지그재그로 푸른빛이 흐른다
윗자리 빈터 이곳저곳에
파랗게 쪽빛이 뭉게뭉게 하다
예쁜 모습 빈종이 가득 찬대
아담의 후손으로 내가 서 있다
보고 그려도 땅에 그린 그 그림
따를 수 없으니
태초의 말씀을 생각한다

내 몸 안에 태풍이

腹部 어디선가 태풍이 인다
명치 밑에서 똬리를 틀고 고개를 쳐드니
우리들 대지의 적도이리라
사람들 틈새에서 태풍 경보가 울리고
진로는 아래로 아래로 남진하는데
서서히 바람 문을 조절한다
풍문은 조절이 간단치 않다
조금씩 조금씩 열고 닫는 바람문
바람색을 느끼려나 조절하는데
괄약근이 낡은 장지문 같다
사대지류가 경련을 일으킨다
열다 지치면 놓아버릴 바람문
주변 피해는 상상하기도 싫다
범람하는 그들 인근 지형을 바꾸리라
버스에서 내리니
해방된 소리 방류의 소리가 크다
진작 구절 장강을 청소했더라면
태풍 피해는 막을 수 있었을 텐데

하나

하나라는 말이 그리도 어려운지
하나된다는 말은 흔히 이르기를 한 몸이 된다는 것이고
몰입으로도 해석이 되네
흑과 백도 하나요 사랑과 미움도 삶과 죽음도 하나라네
東으로 東으로 가면 西가 되고
西로 西로 가면 東이 되느니
처음은 어디고 끝은 어디란 말인가
나를 잊어버리는 것은 나를 비우는 것이요
나를 비우는 것은 하나 되는 것이라는데
깨달음이 그리도 쉬울까
오늘도 나를 비워본다

환청幻聽

심산유곡 폭포수를 바라보며
호젓하다 생각하여 낙수를 즐기는데
어디선가 말소리에 두리번거려도 아무도 없네
눈이야 있는 그대로 보여주는 것인데도
귀는 세상사에 젖어 있으니
머리는 셈하느라 바쁘고
마음은 삶을 찾아 돌아가자 하네
눈 귀 모두가 한 몸이건만
제 몸 하나도 함께 하지 못하면서
나로다 했으니 정말 웃을 일이지

삶의 소리

높낮이가 있어 물은 소리가 나고
바람도 고저가 달라 모습을 드러내듯
삶도 질곡이 있어 이야기 되느니
삶이 힘겨워 슬플지라도
기쁨이 찾아온다고 확신하며
한편의 서사시가 이루어지기까지
수채화 속 명암이거니 여겨
내일 또 내일을 위하여
오늘이 있을 뿐이라 생각한다면
삶의 소리 살 만한 소리 아닐런지
누구나 행복하게 보이면
다가가려는 사람이 많으나
불행하게 보이면 멀리 하느니
남들도 이러하거늘
불행하다 생각하면 불행이 머물고
족하다 생각하면 행운이 찾아드느니
마음을 다스려 웃으며 살자

당신이 있기에

당신이 있기에
삶을 딛고 있음을
알고 있습니다
당신이 있기에
슬기롭게 버티고 있음을
알고 있습니다
서럽고 외로울지라도
믿음이 있어 당신을 기대고
절망이 앞을 가려도
분명 당신이 있기에
내일이 있음을 알고 있습니다
지나온 시간이
함께하는 세월이었듯이
다가오는 시간도
그 세월임을 믿고 있습니다

후회

지난날 분명
그때가 행복했는데
그 당시 알지 못해 후회하고
그 시절 그 행복
즐기지 못해
아쉽고
지난날 되새기며
후회하는 지금 모습
안타깝고
앞으로 언젠가
지금이 좋았다고
되돌아볼까 두렵다
이런 생각
분명 가을을
타는 것일까

둥지

창가에 둥지 하나 있다
보기 드문 평온한 모습
어미는 눈을 똥그랗게 뜨고
때때로 먹이를 주며
날개로 새끼들을 덮어주니
그들은 어미가슴에 연신 파고든다
먹이 주는 어미
파고들 가슴
지켜주는 눈
따스하게 덮어주는 날개
그립고도 그리운 어느 아이들
누구를 탓하랴
모성조차 외면한 현실
다급한 사정 있다 해도
아이들 몫으로 남는다
그 어미들 어느 하늘 아래
둥지를 틀었을까

친구는 가고

세월 지나 흰 나이에
문득 보니 호젓하다
내 친구 어디 있나
눈 모아 찾아보니
저무는 기억 속에
그대 모습 확연하여
내 마음 옛 같다
그 뜻 전하려 하나
때늦어 허공에
정담만 떠도네

한 줄기 바람인 것을

온몸 흔드는 것은 바람이었다
바람이 내는 소리 숲에서 더하고
그림자를 움직이는 것도 바람이거늘
언제 날갯짓인들 하고 살았던가
창공을 날으는 독수리 날갯짓하던가
질주하는 흐름에 순응하는 들꽃처럼
오월 난간에 서서 오늘도 간다
녹음을 바라보는 싱그러움도
한 줄기 바람인 것을

고독이 머무는 자리

연꽃이 연못에 있는 까닭을
목이 긴 재두루미를 보고 알았다
고독을 부르고 있는 것이다
언제나 미동도 없이
외로운 화신인양 버티고 있다
자비가 가득한 연못이란다
빈 의자에 기대어 하늘을 보기보다
먼저 물을 보고 자기를 비추란다
나래를 펴는 재두루미
훨훨 창공을 나를 때
고독이 머문 자리 연꽃은 피고

종심從心 망팔 望八

물소리 그리워 물비늘 보노라면 물고기인듯
푸른 하늘 보고 싶어 흰 구름 되면 별이 보이네
푸른 숲에 살고 싶어 나무가 되니 아름다운 새소리
칠십이면 종심從心이라더니 마음만 홀로 가니
솟대도 솟대 나름 고희古稀면 족하거늘
망팔望八이 다가오니 팔도강산 눈에 선하네

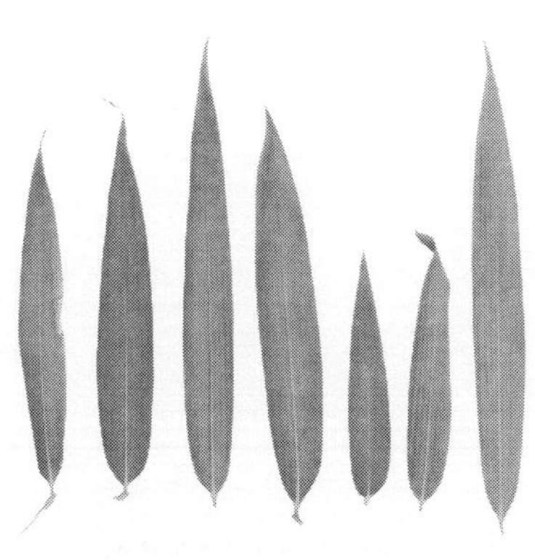

손녀를 마중하며

이착륙 소리가 요란하다
헤어지는 슬픔
만나는 기쁨들
활주로 위 미끄러진다
출국장 언저리 눈물이 글썽이고
기쁨들 입국장 가득 초조하다
세 살배기 여아는 어미 따라
헤어지는 아픔을
만나는 기쁨도 배운다
사유는 어미에게 맡기고
아득한 훗날 다가올
많은 회자정리會者定離를 익히며
세상이 넓고 가까워
외가를 아침의 나라에 두고
삶의 터전으로 돌아오고 있다
한 아름 가득 반겨야지

발길

비오는 길 걸어보지 않고 마음속 내리는 비를 어찌 맞으며
눈보라를 거슬러 보지 않고 어찌 가슴속 한설을 헤칠 것인가
안개 자욱한 길 걸어봐야 깜깜한 현실도 이기는 것을
앞서간 사람 발자국 유심히 볼 때 내 발자국 조심스러우니
밤이라 보이지 않는다고 함부로 디딜 수 없음은
돌부리 차일까 걱정하는 것이 아니라네

3부
숲에서 오는 이야기

반사반생半死半生

창문 맞은편 한 그루 고목
윗부분 절반이 죽어있다
영광을 남기려 탄화목이 된 듯 하늘을 찌르는 상체
자기 몸을 자상自傷하는 구조조정의 극치다
생소한 낱말이 다가선 것은 불과 십여 년 전인데
이제는 고목에게도 절실한가 보다
허공을 지고도 제 몸 닳도록 살려는 몸부림이
한 그루 고목에서는 자상으로 나타나니
밑동을 돌다 그늘을 기대고 선 목발
한적한 눈길로 다가선다
구조조정을 당한 모습도 보기에 측은한데
스스로 단행한 고목의 부분 고사
식음을 전폐한다 하여 가능한 일인가
잡 세어링을 알았다면 좀 시들시들하다가
봄비 내리면 살아날 터인데

목련 그늘 하얗게

새하얀 초승달 꽃잎이어라
기품 어린 너의 자태 어디 비하리
여태껏 읊어보지 못한 언어들이
주렁주렁 가지 끝 휘날리는데
잎새 앞서 핀 육 엽 꽃달이
목련 그늘에 하얗게 스며든다
꽃잎 하나하나 단아한 모습
청아한 맵시 감돌아
달빛서린 향기
그림자마저 코끝에 머무니
꽃 지고 잎 필 때 앗아갈 향기
고이 간직하려 창가 서성인다
이 밤도 너로 인해 무척 밝으니
가는 님 뒤이어 떨어지는 모습
아니 보려 멀리서 본다

쪽마늘

겉보기야 왜소하지만
윤기도 흐르고 살결은 보살 같다

육 쪽 덩치에 밀려 태생이 쪽 마늘이라
허물이 그리도 많은지 벗기고 또 벗겨도
얇디얇은 꺼풀은 살을 도려낸다
맛이야 좋다 한들 손이 바쁘다

애써 물 건너 온 땅
허우대 멀쩡한 육 척 백인들 틈에
쪽팔리는 유색인들 허물을 벗고
벗기려 살을 도려낸다

혓바닥 허물이 그리도 벗겨지지 않아
눈치에 단을 쌓고 온몸으로 버티며
능력이 갇힌 입 빗장을 물고 눈알만 굴린다

* 뿌리에 여무는 후세를 보면서

그늘만 키워

밑동이 꺾인 고목을 본다
의젓했던 몸통이 허공으로 가득하네
지난밤 몸서리치던 폭풍을 읊고 있다
전들 왜 버티려고 안간힘 다하지 않았겠나
가지랑 이파리 얼마나 걱정이 앞섰으리
삶의 버팀목은 무엇이었을까
육탈도 모자라 뼈까지 갉아 먹었으니
효도는 고사하고 그늘만 키워
밑동이 튼튼할 것으로 믿었는데
꺾인 허리 보고서야 때늦어 알다니

황사

동북공정이라는 주먹만한 글자
보는 순간 피가 역류하며 하늘이 노랗다
황사는 때마침 시야를 덧칠한다
편서풍을 타고 미세먼지가 날아온 것이다
발원지는 중국 화북성
고대사를 날조한 여진이 살아서
서해를 건너 하늘을 범하는 것인가
지난 역사를 돌이켜
중화의 족적을 아파하며
잠시 선진의 우위에서 자위하는 사이
잠에서 깨어난 공룡의 오물이 금수강산
아침의 나라를 더럽히고 있다
언제나 수세에 서서 방어를 미덕으로
세월을 삭힌 백의민족
오염된 산천 얼룩진 얼을 통분하며
발원을 찾아 보상을 물어야 한다
자연의 불가피를 포장하는 그들 속에
관리의 부재가 추궁되어야 하지 않겠는가

호박잎 입 안 가득

밥더께리 덕지덕지 붙이고
입맛을 돋우었던 호박이파리
혓바닥 간질간질 부드러웠다

손바닥에 올려놓고 된장 한 술에
더위 한 움큼 싸서 입안에 넣으면
입 안 가득 어머니가 찾아들었지

이국땅 삶이 갈급해 줄기만 뻗는 호박
잎마저 얼마나 억센지 온몸에 가시만 세우고
한 덩이 호박도 열지 못하네

정착이라는 것이 그리도 어려운지
까칠까칠한 여인네들 자식 다독거릴 여유도 없이
온몸에 줄기만 억세다

낙과落果

보듬고 보듬었는데
비바람이 일 때마다 마음 졸이며
놓치면 깨질세라 안간힘 다했는데
피 가죽이 터지도록 세월을 버티며
때로는 풋풋한 너를
때로는 겉 익은 너를
귀엽고 아까워도 힘에 겨워
때를 거슬려 놓아야 했다
돌밭 아니라 가시밭이라도
세상으로 보내야 하는 고목
보람찬 삶을 기원하며 손을 놓았다
매정하다 뉘 말하지 않겠나마는
누구는 품 안의 자식이라 푸념하는데
까치밥이 되더라도 붙들고 싶었는데

몽돌 하나 내 옆에 있기까지

몽돌 하나 내 옆에 있기까지
물도 바람도 정釘 아닌 것이 없었네
그 중에 너와 나도 있었으니
해변에 즐비한 몽돌들을 본다
파도는 세월 따라 얼마나 정釘이 되었으리
모난 시선도 부드럽게 받아주는 몽돌
각角진 마음을 따스하게 돌려준다
몽돌 하나 굴어 내 옆에 서기까지
그녀 또한 각角이 있었지
정釘을 맞아 정情어린 몽돌이 되기까지
둥글게 무딘 정釘, 서로의 각角은 사라지고

숲에서 오는 이야기

숲이 바다 같아 태생이 갯벌인 나는
숲을 바라보며 녹색 파고를 즐긴다
곡선은 언제나 편안한 것
며칠 사이 숲이 휑하다
미니스커트 사이로 허벅지가 들어나듯
옹이진 밑동에 찬바람이 설렁하다
결실은 산자락 아래 가득한데
잎새는 어디서 수다를 떠는지
싱싱한 계절의 이야기
꽃들의 사연도 그들을 따라나섰다
관절마다 바람이 난다고 휑하셨던 어버이
숲으로 남아야할 그들
품은 비고 앙상하다
이 몸 낯선 하늘 아래 수다를 떱니다
기러기 떼 그리워 끼룩끼룩 수평을 그을 때
야윈 숲에는 어두움이 수직으로 내리고

이끼도 봄을 노래하는데

해가 바뀌어 봄동산에 오르니
반갑다 정담을 나누는 그대들
물과 바위와 나무들이다
줄기마다 봄기운이 푸르게 기웃거리고
비탈에는 검초록 점점이 늘어서있다
검푸르게 바위에 기대선 이끼들의 삶
융단같이 부드러운 그들의 모습
척박한 터전에서 봄을 구가하는 그들
너무나 싱싱하고 탐스럽네
삶이 어렵다 해도 바위보다 더하다면
그것은 우리들이 아는 거짓말이다
이끼도 봄을 노래하는데
우리들의 합창이 봄이 아닐 수 없네

수평선水平線

수평선은 직선이라 생각했다
직선 위에 돌출한 것은 나의 생각이다
다가선 대양은 끝없는 직선인듯 이어가는 곡선
둥근 원이 완연한 지구의 테두리 물이 가득하다
지구가 둥글다는 것을 절감하면서
허공으로 이탈하지 않는 물과 나를 생각한다
만유인력이라 하던가, 그 힘에 감사하며
잠시 모천을 더듬었다
상과 하 저 선을 넘는 것은 무엇인가
해가 오르면 낮이 되어 일터에 가고
달이 오르면 밤이 되어 사랑을 한다
모퉁이를 돌기 전에는 시야의 한계에서
일탈하지 못하는 저 직선
사람이 저 선을 넘을 수 있다면
저 홀로 오른다면 그것이 무엇일까
이 또한 직선이 아닌 둥근 순환이겠지

거품

한 잎 조각배 어울리는 망망대해다
갑판 위에서 헐레벌떡 몰아쉬는 맥박
배의 크기를 가늠하는데
질주하는 뱃전 따라 파도는 거품을 문다
언젠가 세파에 거품을 물었던 학창시절
너울지는 파고 그때 모습을 보는 듯
거품이라는 것은 저항의 실상인지
바램의 허상인지
낙수의 반작용도 거품이었는데
선미 저 멀리 사라지는 거품을 본다
뱃길 위에 멀어져가는 또 하나의 흔적
언젠가 더듬게 될 실마리이겠지

일출 산고日出 產苦

호미곶 해맞이 산실 초조가 어둠을 삼킨다
수많은 눈망울들 심연에서 해를 끌어 올린다
뜨거운 선혈이다 피가 저토록 흘려지다니
검푸른 파도가 붉게 피멍을 너울지는 것은
손바닥 위로 서서히 희망을 올리려는 것이다
수면을 박차고 붉게 융단을 오르는 불씨
눈살 하나 부시지 않고 나신을 보인다
보라 자애로운 얼굴 정체를 각인시킨다
부드러우나 작열하는 것은 섬기기 위해서다
파도가 붉은 융단을 걷으니 바다가 검푸르다

생명

홀연히 왔다가 홀연히 가다니
산에도 있고 들에도 있고 물에도 있네
하늘에 있어도 땅으로
땅에 있어도 하늘로
홀씨에서도 너를 보고
미물에서도 너를 보네
티끌 같기도 하고 돌 같기도 하더니
모태를 만나 변신하는 너
흔하디흔한 곳에 네가 있다니
참모습 볼 수가 없으니
어디서 와서 어디로 가는지
풀섶에서 풀이 되고 새를 찾아 새가 되네
문득 다가와 홀연히 떠나가는 너
내 안에도 네가 있어
사람이라고 불리며 오늘을 산다

배추

한 포기 배추가 쩍 벌어지는 순간
노란 고갱이 속으로 햇살이 스며들며 환하게 웃는다
겹겹이 너울지는 보람찬 한평생
수많은 날 인고의 결과에 만족하는 듯 가슴을 편다
연지곤지 찌르고 나면 한 단계 업그레이드되는 자신
밥상머리 한가운데 좌정하면 보다 더 돋보이지
요단강 푸른 물에 우리들 생을 담그고 나면
프로필 한 구석 티끌 하나 욕됨이 없는 평생을 꿈꾸랴마는
헛된 삶은 아니어야 할 텐데
각색하고 덧칠하는 이력이 있더라도
후손들에게 눈살 찌푸리는 삶은 아니어야 될 텐데
흠이 되는 삶이라면 어느 하늘 아래서 편안하리
오늘도 하루를 조심조심 걸어본다

최후의 불꽃

지는 해를 본다
햇살이 이리도 따가운지
식기도 전에 노을을 두고 가다니
용광로를 들여다보는 듯하다
단풍이 이에 더하니
눈을 뜰 수가 없네
어버이 가실 적에 남긴 눈빛은
최후의 불꽃이어라

달아 달아 밝은 달아

선잠 일어서는 卯時
辛卯年 대보름 넋 잃은 새벽이다

밤의 기울기에서 은빛 토끼들을 본다
계수나무 아래 그들의 삶이 밝다

달빛은 순백으로 자리해 요요한데
백설은 제 몸보다 하얗게 달빛을 다지고
내 눈은 청아한 달을 탐닉하고 있다

귀에 익은 이야기도
그대 그리는 노래도
달빛 따라 해맑게 되살아온다

해보다 달을 좋아하는 까닭은
꿈이 무게를 더해도 마다치 않고
시리도록 바라봐도 한마음 되어 동행하니
본향 같아 쳐다볼수록 정다워 살갑다

토끼들과 노닐다 보니
동트는 새벽, 닭의 울음이 크다

하늘 높이 둥지를 틀어도

야윈 숲에는 봄이 메마르다

우듬지 난간을 틀고 있는 둥지들
뼈대들이 앙상한데 썰렁한 바람뿐
오가는 텃새도 없네

마을마다 초옥은 비어
빈집들에는 인적이 드문데
피골이 상접한 늙은 고독이
미라가 되니

하늘 높이 둥지를 틀어도
가난한 숲에는 적막이 감돌고

마을 가운데에 자리해있어도
빈집에는 고독이 여물어지니

숲을 가꾸고 모천에 깃드는
오늘에 두고 싶다

먹구름 속의 빈터

그립다 파란 하늘 바라보니
회색빛 하늘도 다가서네

보고 싶다 흰 구름 쳐다보니
먹구름도 멍울져있네

해가 그리도 눈부신데
구름에 가리니 안개등 같다네

하늘이 먹구름 져도
먹구름 속에도 빈터가 있어
햇살이 소나기 되어 내리듯

삶이 비바람 친다 해도
바람 속에도 고요가 있어
행복이 온몸 가득하려니

여름 한철을 울기 위해
매미는 얼마나 기다리는가

제멋에 겨워

한 그루 정원수 들쑥날쑥
가지마다 하늘을 향해
자유인가 방임인가
제멋대로 삿대질하네
저들만 살자고 아우성이니
모양새가 볼쌍사나워
가위질 날렵하게 손질했더니
예쁘게 단장한 한 그루
보는 이 즐거워 걸음도 가볍다

여명黎明

휘파람소리는
이름 모를 새의 울음이었다
하루를 붉게 열고 있다
해는 저 혼자 뜨는 것이 아닌데
펄럭이는 깃발도 있고 소음도 있다
밤조차 물러가지 않는다면
닭은 어디에 새벽을 붙이는가
별도 달도 제 모습 감추거늘
먹구름 따라 바람마저 바쁘다
중천에 오르는 해를 보며
잎도 뿌리도 모두가 기다린다
그늘진 곳 없는 곳 없으니
모두가 바라기 되어 기다린다

바람의 소리

이른 봄바람의 소리는 풋풋해
파릇파릇하게 다가옵니다
붉게 타는 가을바람의 소리는
노을 진 들녘 고즈넉한 만종소리
찬 겨울 하얀 바람소리는
앙상한 나목들의 만남입니다
누구의 꽃이 예쁜지
누구의 단풍이 아름다운지
걸치레에서 벗어난 빈 몸입니다
하늘은 거대한 욕조로 변하는데
인간들은 겹겹이 옷을 입습니다
오늘 바람의 소리는 낮은음자리
조용히 귀 기울여 봅니다
생로병사 걸어온 세월이
바람으로 속삭입니다

들꽃은 서로를 기대고

어쩌다 들꽃인가 슬픈 의문에
서러운 들꽃이랴 고개 저으며
서로를 기대고 모였습니다

외톨이 들꽃인가 슬픈 눈길에
혼자가 아니라고 소리 높이려
한자리 모여 앉아 웃어봅니다

햇볕도 따끈하게 마주보면서
걸음걸음 망설이는 외진 들녘에
혹시나 지나칠까 그리운 님들

가시는 눈길 끌어 발길 돌리려
한 가닥 실바람에 몸짓 흔들며
오늘도 환하게 웃어봅니다

무궁화 한 송이

앞마당 무궁화 한 송이
베란다 안으로 고개를 미네
모두들 밖으로 활짝 그 모습 뽐내는데
오가는 이 모두 예쁘다 반색을 하는데
안으로 저 하나라도 찾아드는 것은
머무는 사람 안에도 있는 줄 아네
창가에 머무는 엷은 시선을 마중하네
나의 내면을 들여다보는 한 송이 꽃
어딘가 있을 것 같은데
저 꽃 지고나면 내 안에 머물려나

4부

가랑잎 울고 울어

초승달

나뭇가지에 노니는 초승달
눈꼬리 쳐드니 요염도 하다
앙가슴 희멀거니 멍이든 모습
저물지 않으려 용을 쓰나 보다
자던 잠 마저 자려 뒤척이는데
외롭다 하소연하며 말을 거네
이 밤 지새면 다시 못 올까
칠흑 같은 밤 유난히도 밝다
여생이 짧다고 안간힘 다하는가
돋아날 새살이 있는 것을
우리가 모두 아는데
이 밤이 지더라도 머지않아
둥근 달로 다시 태어날 것을
이승이 다하면 저승도 있나니

이른 봄 연초록 말씀이

연초록 말씀이 잿빛 나무 끝에 분다
죽은 것이 아니라 쉬었던 것이라고
겨울을 지나 몇 번을 말씀하시는지
육십이 평생인 사람에게는 육십 번을
팔십이 평생인 사람에게는 팔십 번을
休息이란 사람이 나무가 되어야 하는 것이라고
나무가 되어 숨을 쉬는 것이라고
사람이 나무가 되어야 쉬는 것이라고
죽은 것 같아도 쉬는 것이라고
연초록 말씀이 나무 끝에 분다
보고도 믿지 못하는 아둔함이
이른 봄 나무 끝에 분다

봄볕이 따가워지니

햇살도 봄이거니 볕이 되네
햇살이 튕기는 청마루가 따끈하다
감치는 멜로디가 귓전을 휘돌아
전신에 쓰며드니
햇볕은 보다 더 따끈해
온몸이 나른하다
구름이 가려 해가 멀어지듯
보이지 않는다고 잊으려 했는데
멀어진 화분에서 꽃몽우리 지니
봄볕도 따가워지나 보다
들리는 말씀이 따끈하지 않은 것도
보이지 않는다는 투정이려니
봄볕 따라 따가워질 때까지
봄볕을 즐기고 싶다

이 몸이 봄비라면

봄에 내리는 비마다
봄비라고 부르고 싶지 않습니다
억센 바람에 떠밀려 휘날리는 비를
봄비라고 부르고 싶지 않습니다
계절을 당겨 주룩주룩 내리는 비를
봄비라고 부르고 싶지도 않습니다
이 몸이 봄비라면
조근조근 내리면서
우산이 있어도 없어도 그만
오는 비 그대로 맞으며
혼자 걸어도 마음이 촉촉하고
임과 걸으면 마음이 설레는
웃음을 머금고 상념에 잠기는
꽃비이고 싶습니다

봄맞이

협곡 오솔길에는
늦은 오월이 잰걸음으로 걸어간다
연두색 얼굴들이 반색을 하며
너 살았구나 인사를 하네
더러 이웃 나무 안부를 물어보니
지난겨울 동사를 읊기도 하고
뒤늦은 봄맞이를 덧붙이기도 한다
가을이 끝이라고 온갖 치장을 하던 그들
겨울이 되면 영원히 잠들 것이라고 생각한 그들
배시시 웃는다
다른 생이 있기는 있네 그려
낙엽이 그들의 시체라는
삭풍의 언어를 믿었던 개울물
몸을 풀고 졸졸 흐른다
지름길 이어가는 나의 걸음을
다시 붙들고 또 만나는
굽이굽이 이어가는 곡선의 개울물
그들도 지난겨울 언 강이었다

민들레

누구는 꽃이라 하고
누구는 잡초라 하네
어디서 왔던 어디로 가던
꽃피고 씨 뿌리면
일생은 족하다
그렇게 생각했거늘
이웃하기 어려워
너희들이라도 멀리 저 멀리
훨훨 날아 날개를 펴라고
솜털 되어 바람을 기다린다
흰머리 서리 이고 둥글게
스치는 바람 언제 올까
이 계절 가기 전에
오늘도 기다린다
더러는 이국만리
더러는 이웃에서
우리네 삶 민들레 넋이라네

할미꽃

내 고향 어느 뫼터에
빨강댕기 할미꽃 허리 굽어서
어린아이 가슴 아파 하늘 보았네
흰머리 세월 지고 다시 와보니
내 마음 붉다마는 허리굽었네

노을 따라 목련은 지고

흐드러진 꽃잎을 본다
노을에 에둘러
자목련 꽃잎에 입술이 탄다

울렁거렸던 바람이
가슴 치미는 기쁨이
바람의 무게를 버티고 있다

어둠이 아쉬워 설레다
기다리다 지친 그리움이었기에
잠 못 이룬 하얀 밤이었다

허탈한 마음
뚝뚝 떨어지다니
노을 따라 너부러지는 꽃잎이 되다니

그리움이
하나같이 멀어지듯
너 또한 스쳐가는 어제이던가

꽃이 피기까지

꽃이 피기까지 노을은 수없이 어둠에 젖고
동녘하늘은 붉게 물드나 보다
몸과 마음이 그리도 무거운지 열정은 가득한데
다문 입 쉽게 열리지 않네
꽃잎 하나 받침을 털고 활짝 웃기까지
화피에서 심피로 꽃술을 보기까지
그 시련 어이 다 말할까
기다리다 애끓는 눈시울은 선혈이 빗살을 긋는데
그대 마음 들여다 본지 오래건만
너울진 꽃잎은 내 마음 쫓아 오늘도 피지 못하네

달맞이꽃

그대 얼굴 조금 보이면 초승달같이 피렵니다
그대 얼굴 반쯤 보이면 반달같이 피렵니다
둥글게 얼굴 모두 보이면 보름달같이 피렵니다
해님 따라 피는 그는 해바라기
달님 따라 피는 그녀는 달맞이꽃
이 밤 지새도록 님 따라 피는 님바라기
우리들 사이 잠 못 이루는 긴긴 밤입니다

연꽃인들 물이 좋았으리

땅에 기대고 싶었습니다
연꽃인들 물이 그리도 좋았겠습니까
물 위에서도 아름답게 피는 꽃이고 싶었습니다
기왕이면 맑은 물 마시며 청아하게 살고 싶었습니다
연꽃인들 더러운 물 좋았겠습니까
시궁창 속에서도 기품 있어 보이고 싶었습니다

가벼운 옷 나부끼며 화사하게 살고 싶었습니다
물 위에 떠다니는 부평초 같아도
비막이 되고 해받이 되어 가리고 싶었습니다

홀가분하게 사는 삶 그리웠습니다
연꽃인들 혹뿌리 달고 살고 싶었겠습니까
공양미 한 자루 바치고 싶었습니다

해바라기

나는 님 바라기
님 가신 저녁노을
그 잔영 붙들고
고개 돌리려 합니다
동쪽 하늘 눈부시게
등 푸른 파도 타고
님이 오신다기에
꽃잎 쳐들고
오실 님 맞으려
고개 돌리려 합니다
님을 대할 때
함박웃음 빚으려
달빛 아래 웃어봅니다

질경이

풀밭 위 구름 따라 길 하나 걸어가네
메마른 시간 푸르고져 동반하러 찾으니
걸음마다 앞서거니 지난날이 돌아온다

독백하는 길 하나 들길이라 외롭다네
답답한 가슴 바람 쐬려 그길 나서니
그리운 얼굴 살포시 바람결 다가온다

만나고 보고 싶어 그길 나서니
들길 따라 바람 따라 동행하자 호소하듯
질경이들 흐드러지게 손을 흔드네

누운 풀 바라보니 여문 생각 거듭하길
거센 바람 스쳐가도 부러지지 않는다면
밟히고 밟혀도 사라지지 않는다네

미루나무

그 옛날 신작로 길섶에 직선을 그었던 가로수
들녘 언덕 위 나란하다
난폭한 바퀴가 무던히도 먼지를 먹였는데
자갈은 보다 더 상처를 남기고

촛불 같은 그늘에 다리품을 놓았었지
어린아이들 도화지 맴돌았던 그 시절
추억이라는 아쉬움인가
이제 들녘에 돌아와
잎새는 보다 더 수다스러운데
햇살 따라 속삭이는 모습이 아름답다
흐르는 공기의 무게를 가벼이 넘기는 너
삶의 무게에 지친 우리들 마음을 본다

송편

송편을 빚었다 초생달 닮도록
예쁘게 식구들 모두 함께

콩고물 만들어 사랑도 미움도 슬픔도
많은 이야기 모두 넣고 비볐다

두루판 위에 차곡차곡 놓으니
둥근 달 하나 되었다

가마솥 가득 쪄서 보니
터진 입 사이로 이야기가 흐른다

모두 들었다 속이 후련하게
가슴속에 보름달이 떴다

가을이 되면

가을이 되면 왜 쓸쓸한지를 몰랐습니다
우리가 볼 때는 분명 결실의 계절입니다만
그들이 볼 때는 상실의 계절입니다
그들은 말이 없어도 상실을 알고 있을 겁니다
봄과 여름은 그들 생애의 절정이었습니다
왜 그리도 피붙이를 많이도 남겼는지
무엇을 위해 그리했는지
산실에서 멀어져가는 슬픔을 느끼며
파란 하늘이 찌푸려질 때까지
높은 하늘이 낮아질 때까지
을씨년스럽게 빈 몸을 봅니다

초가을

구름 위에는 누가 살길래 배를 띄우나
사랑하는 사람도 희망찬 일도 힘든 일도
돛배에 달고 파란 하늘에 노를 젓는다
높디높은 뭉게구름들이 읊는 이야기
형형색색 맑은 하늘에 수를 놓는다
아득한 초점들이 코앞에 다가서니
현실은 보다 더 크게 내 앞에 서네
하늘에는 희망이 있고 땅에는 현실만 있으니
강 건너 겨울이 있다고 가을이 을씨년스러워도
높은 하늘을 알았으니 겨울강 건너 봄이 흐르면
그 하늘에서 희망을 찾아야지

낙엽 위 노을은 지고

저녁노을
아침 산책길에 있다
바닥에 떨어진 노을
밟으며 간다
아쉽다 읽고 간다
바람에 훅 날려 하늘에 걸릴 때
낙엽 위 노을은 지고

가랑잎 울고 울어

낙엽과 가랑잎 사이
수액은 자취를 감추고 울어보지 못한 잎새는
서로를 몸 비벼 작은 바람에도 소리를 낸다

승천하는 물기는 땅속에 허물을 묻고
하늘과 땅 사이 그들의 윤회는 단순도 하다

찬바람에 구르는 그들의 소리 어버이 넋두리
뼈마디 바람이 원천을 들어내는데

앙상한 이음새마다 부각되는 세월의 뒤란
물기는 메말라 시린 아픔을 앞세우니
굴신하는 신음소리 막을 길 없네

단풍이 뗣다

꽃을 떠난 색깔들
붉게 전별사를 읽고 있다
어림잡은 일정에 단풍은 아직도 뗣다
풋사람들이 산을 누비니 단풍은 보다 더 발랄해
어디서 와서 어디로 가는지 답이 없는 여정들
일상마저 잃은 채 간만의 즐거움을 맛본다
동심에 잔잔한 가슴이 파고를 탄다
저들도 비바람 치면 연을 끊을 수밖에
바닥에 떨어져 흙이 되려니 다시 만나려나
채색된 동공은 마음속 깊이 잔영이 박혀
귀로에 다가서는 일상에 마음이 밝다
어차피 물들어야할 여생이라면
부럽지 않는 단풍이고 싶다

외솔

한 그루 소나무
그늘이 크다

오는 이에 해가리개
가는 이에 비가리개

너로 인해 우리들 삶
뒤돌아본다

서리

잊었던 서리가 다시 찾아와 반갑다 인사를 한다
발목을 적시는 그들 모습이 빛살 끝에 영롱도 하다
해가 바로 서기도 전에 헛물되어 물귀신 되네
잎은 시들고 옷이 벗겨져 된서리 맞은 그들이 보인다
말 한마디에 옷이 벗겨져 겨울을 맞는 명퇴자들
서리 끝에 거리를 누빈다

겨울새

꽃도 잎도 잊혀진 찬 겨울
가지도 줄기도 빈 몸입니다
누구의 꽃이 예쁜지
누구의 열매가 좋은지
누구의 단풍이 아름다운지
누가 누구인지 아무도 모릅니다
모두가 잿빛 산야에 그냥 나무입니다
구분도 색깔도 없는 온누리
겨울새는 그래서 찾아오나 봅니다
사람들은 창가에 서서 보기만합니다
겨울새는 더 높은 가지에 올라
사람들을 보라고합니다
덕지덕지 겉만 누비는 사람들
황홀한 계절에 목마른 사람들
나로다, 나타내는 봄인가 싶으면
겨울새는 그래서 날아가나 봅니다

진눈깨비 지는 날에

누구는 눈이라 하고
누구는 비라 하네
휘날릴 땐 눈 같은데 흔적이 없다

하늘은 왜 그리도 먹구름 지는지
서산 한 마음 외로이 서니
삭풍에 휩싸여 가눌 길 없네

스치는 바람이 눈이라 한들
흔들리는 가지가 비라고 한들
질퍽한 바닥은 기억도 없다 하네
이 몸 걸어온 길 아는 이 없으니
두고 온 족적은 바람이어라
휘날리는 진눈깨비이어라

눈은 어둠을 이기고

얼룩무늬들 모두 사라졌다
언젠가 바라던 일
간밤 어두움을 이기고
한세상 하얗게 새로 깔렸다
무엇을 그릴까
무에서 다시 시작하란다
창조하실 때 이러했을까
가슴은 벅찬데 생각이 멍하다
햇볕도 머뭇거리는 이른 아침
골목마다 세상사 또 일어나고
발자국마다 얼룩이 고이니
굳어진 빙판 몸을 낮추라 한다
햇볕 따끈하게 몸 데우면
추녀 끝내려 실개천 따라
구름 위 모천에 올라
하얗게 또 내릴 테지

눈꽃은 너무나 낯익어

떨어지면서도 웃고 있습니다
어디선가 본 듯 낯설지 않습니다
이른 봄 하얀 수선화 같기도 하고
낮 달을 따라간 목련 같기도 하고

눈꽃은 너무나 낯익어 따뜻합니다
한여름 고귀한 백합 같기도 하고
후미진 어귀 흐드러지게 핀
개망초이던가 안개꽃 같기도 하듯

흐뭇한 마음이 솟아오릅니다
가을을 수놓는 흰 국 같기도 하고
잊었든 어머니 품속인 듯 포근합니다

삭막한 겨울 그들이 내리고 있습니다
추억들이 소리도 없이
언제 하늘에 올라
함박꽃으로 내리고 있습니다

순백 위를 걸으니

백설을 앞세워 햇살 따라 걸어본다
낯이 설다 한사코 거부하는 순백이
수십 년을 얼룩져온 이력을 어찌 알아
이질감을 느끼는지 눈을 뜰 수가 없다
기왕지사 나선 길 돌아 설 수 없어
너와 같이 희지 못하나
우리 같이 어울리자고 선글라스를 꼈다
흑색이 서로 되어 시야가 넓어지니
응달길 제 마음인양 걸음걸이 방심타가
아찔한 순간 들리는 소리
검게 보여도 양지 따라 걸으라 한다

<작품해설>

모천을 거슬러 오르는 회귀의 언어

김순진(문학평론가 · 고려대 평생교육원 시창작강사)

<작품해설>

모천을 거슬러 오르는 회귀의 언어

김순진(문학평론가 · 고려대 평생교육원 시창작강사)

紅馬 송용일 선생은 10여 년 전 모국을 떠나 캐나다로 이민하여 살고 있는 분이다. 그는 늘 고향의 개울을 거슬러 오르는 꿈을 꾼다. 칠순의 어른인 그는 모국어를 사용치 않는 영어권 나라의 영주권자며 문학을 전공한 적도, 문학에 종사한 적도, 그리고 구체적인 문학수업을 받아본 적도 없는 사람이다. 대학 때 유명시인으로부터 교양과목 수업을 들은 것이 동기부여가 되어 그는 어릴 때부터 꿈꿔왔던 '시인'의 소망을 이루었다. 그것은 누구든 소망한 꿈을 벌지 않는다면 이룰 수 있음을 우리에게 확인시켜준다.

외국에 살고 있는 많은 시인들은 향수와 외로움에 지친 나머지 스스로 '추억'과 '회상'에 발목 잡혀 자충수를 두는 경우가 허다하다. 그런데 송용일 시인의 시는 다르다. 그는 2011년 현재, 한국문단 중심부에서 쓰여지고 주목하는 시가 무엇인가에 대하여 생각을 집중한다. 그러면서 이슈가 되는 시가 무엇인가에 대하여 안테나를 곧추세우고 자신의 주파수를 맞춰나간다. 그리하여 그는 단순히 영탄조로 자연을 노래하거나 인간의 생로병사에 대하여 비탄에 빠지지 않는다.

그가 관심을 두는 것은 초목과 미물의 지혜로움이지 대자연을 통한 인간의 나약함을 재현하지 않는다. 사물을 통하여 성찰해내는 것이 현대시가 추구하고 있는 주된 정신이라면 그의 시는 이에 부합하기 위하여 다양한 방법을 동원한다. 현대시는 다양한 방법론을 추구한다. 송용일의 시는 그 방법론의 중심에 있다. 많은 시인들이 눈에 보이는 소재를 택하여 겉과 속의 속성을 관찰하는 시야에 그치고 있지만 송용일의 시는 균열, 허공, 여백, 곡선, 무게, 노후, 레임덕, 무소유, 길이, 깊이, 소리, 존재, 영혼, 후회 등의 관념어들을 사물을 통하여 분명하게 드러낸다.

원래, 시라는 것은 상호 보완적 관계가 원활하여야 그 역할이 돋보이게 된다. 이를테면 '그리움'이란 시어를 형상하기 위해서는 '외로움, 고독, 이별, 허무, 어둠' 등 아무리 관념어들을 많이 동원하여도 그리움을 제대로 형상화하기 어렵다. '그리움'이란 관념어를 눈에 보이게 하는 것은 사물이다. 예를 들면 "목이 꺾인 갈대 하나/기어이 고개를 쳐들고 있다"라고 한다면 그리움은 금방 눈에 드러난다. 송용일은 이 같은 방법으로 관념어들을 구체화하고 전봇대, 창, 세탁소, 발자국, 신발, 유리벽, 조기, 오리알, 양말, 북어, 껌 등의 사물들은 그 일반적 속성을 감춘 채 사고적思考的 언어를 채택하여 우리에게 반성과 희망을 역설한다.

외국에서 살고 있는 그가 이처럼 완성도 높은 시를 쓸 수 있었던 까닭은 삼다에 있다. 많이 읽고 많이 생각하고 많이 쓰는 것이 지금 그의 주된 관심사고 일과다. 시인들은 자신의 관심사에 시간 투자를 게을리 하면서 시가 늘지 않는다고 푸념한다. 모든 것은 뿌린 대로 거두는 법, 시에 대한 시간투자만이 좋은 시를 쓸 수 있는 최선의 방법임은 우리는 송용일 시인에게서 배워야 한다. 그럼 이쯤에서 그의 시세계를 탐험해보자.

> 대포라는 간이세탁소를 지난다
> 저린 때 바래진 거죽이 화사하게 줄을 지어
> 비닐덮개 속에서 먼지를 밀어내고 있는데
> 은퇴를 앞둔 한 할머니 봄 처녀마냥 내숭을 떨며
> 차갑게 재봉틀 앞에 앉아 세월을 누빈다
> 세월이라기보다 사람을 누비고 있는 것이다
> 톱니바퀴 사이로 씹어대는 일침이 날렵하게
> 검은 사람 흰 사람 노란 사람 잘도 누빈다
> 삼십 해가 바뀌도록 타국 땅을 무던히도 누볐다
> 그곳이 헬스클럽으로 가는 나의 길목이어서
> 찢어진 가랑이 옷이라도 있을 때
> 한번 누벼야겠다고 생각하는데
> 지나칠 때 한두 마디 인사를 나누며
> 지금은 마음만 누비고 있다
> 고단한 하루를 누비는 그녀가 행복해 보인다
>
> －「간이세탁소」 전문

사람의 발자국은 재봉틀의 땀을 닮아있다. 한 땀 한 땀 누비며 살아가는 것이 인생이다. 시인의 눈은 사소한 일이라도 간과하지 않는다. 우연히 간이세탁소를 지나다 톱니바퀴가 지나가는 재봉틀 위의 옷을 바라본다. 옷만 가지고 옷 주인의 외모를 알 수는 없겠지만 '검은 사람, 흰 사람, 노란 사람'이 사는 인종전시장에 살고 있는 시인은 자신이 누벼온 길을 돌아본다.

그간 30여 년 동안 많은 나라를 누비고 다녔던 자신의 모습을 회상해본다. 그러면서 "찢어진 가랑이 옷이라도 있을 때" 즉 '힘이 남아 있을 때' 더 많은 세상을 누벼보는 꿈을 꾼다. '누빈다 = 걷는다'는 것은 힘이 있어야만 가능한 일로써 아직 할 일이 많이 남아있음을 암시해준다. 따라서 독자로 하여금 시인에겐 아직 원대한 꿈과 충분한 힘이 축적되어 있음을 느끼게 한다.

놀놀하게 구우라는 주문을 아는지
몸을 수시로 뒤집는 조기 세 마리
어머니 돌아가신 날 멀리도 왔다
눈을 감은 모습이 그리도 같은지
모든 것 체념한 듯 몸을 맡긴다
서툰 솜씨에 살이 허물어지니
등창이 나신 어머니 아픔이 온다
코를 막았던 냄새가 이렇게 구수하니
불효인 듯 아닌 듯하다
골목길 접어드는 샛바람
귀신같이 문틈을 비집고 얼굴을 내민다
안내등 불이 오면 오시나 보다
불이 꺼지면 먼 길 가시나 보다
수십 년 기억이 깜박거리는 사이
살이 탄 조기 세 마리
까만 어머니 가슴을 보인다

-「조기 세 마리」 전문

시인은 부모님 기일이면 이국 땅 캐나다에서도 제사를 지내는 모양이다. 부모님을 섬기고 기리는 일이 어찌 땅과 시간을 따질 수 있으랴. 한국에서 가지고 간(또는 보낸) 조기를 굽는 제삿날 풍경이 생선냄새처럼 비릿하게 코끝을 자극해온다. 외국의 풍습에 따를 수도 있으련만, 그리고 캐나다에서 나온 과일과 생선을 올릴 수도 있으련만 몇 가지만이라도 우리 농수산물로 제수를 준비하려는 마음이 가슴 찡하다. 조기 굽는 냄새라도 풍겨야 찬 보리밥을 물에 말아 드시던 어머니를 기릴 수 있을 것만 같다. 그 멀리까지 어머니의 영혼을 모셔올 수 있을 것만 같다. 그 효심은 조기 타는 냄새처럼 점점 더 선명해진다. 그러기에 "살이 탄 조기 세 마리/까만 어머니 가슴이 보인다"고 말하는 것이다. 우리는 여기서 모천을 거슬러 오르려는 회귀의 언어를 읽는다. 시인이 '자식을 낳고 기르느라 숯검정이 된 어머니의 가슴'을 볼 줄 아는 것은 그도 부모이기 때문이리라.

부피를 더할 때 보람차다
통뼈를 보고서야 느꼈습니다
신진대사新陳代謝가 설법하는 좌선坐禪의 결과입니다
구세주같이 데워도 하지만
살결이 뜯길 때마다 고통은 여생餘生 앞에 섭니다
순백으로 태어났어도 오물을 뒤집어쓰고 수장을 당해야하니
물이 된다는 것은 보이지 않는 것이며
무無로 회귀하는 것입니다
흙이 되더라도 시신이 남는다는 것은 더 높은 존재입니다
존재한다는 것은 존재가 소진하는 것입니다
소진하는 빈도는 원천에 보다 더 다가서는 것이며
시간은 이를 재촉할 뿐입니다
가진 것 소진하고 나면 남는 것은 통뼈 하나
수장된 두루마리 휴지의 유골입니다

-「휴지의 유골」 전문

진자리 마다하지 않는 수고와 오물을 처리해야만 하는 숙명을 바라보며 누구든 휴지에 대한 감사를 느낄 수는 있으리라. 그러나 시인처럼 휴지에도 유골이 있다는 생각은 아무도 하지 못했다. 여기서 시인이 본 휴지는 단순히 휴지가 아니다. 한 사람의 수도자다. 남을 위하여 제 몸을 부풀리는 휴지, 남을 위하여 기꺼이 춤추며 풀리는 휴지, 그 내면에는 통뼈가 있음을 시인은 발견해낸다. 시인이 아니고서야 누가 '마디마디 살이 뜯길 때마다 그 고통이 남은 여생과 결부됨'을 발견할 수 있으랴. 그래서 시인을 두고 발명가이며 개척자라고 하나 보다. 아낌없이 봉사하여 소진하고 남은 '통뼈 하나'는 어쩌면 가족과 사회를 위하여 봉사해온 시인 자신이 아닐까 하는 생각을 해본다.

제로의 무게를 저울질하며
내가 선 자리 빗대어 생각해본다
뒤에서 서성거려 볼까
앞에서 얼쩡거릴까
제로의 허실이 이렇게 다르다니
줄줄이 뒤에 설수록 몸집도 크고
이 세상 富라면 영화도 크겠지
정수 앞에 서서 콤마를 찍어
세속과 거리를 둔다면
줄줄이 설수록 한없이 작아지겠지
空에 가까워지겠지
무아에 가까워지겠지
마음을 비우고 몸을 비우게 되려니
허공은 커지고
낙타의 몸집은 작아져

들락날락 자유로워지겠지
하지만 한세상
뒤에 서고 싶은 마음 가눌 길 없다

-「제로의 무게」 전문

제로에도 무게가 있을까? 많은 사람들은 0은 무게가 없을 것이라 생각한다. 그러나 시인의 생각은 다르다. 최근 대구에서 세계육상선수권대회가 치러졌다. 우사인 볼트가 다른 경쟁자들과 함께 100m 달리기 출발선상에서 몸을 구부리고 있었다. 레디 고! 그는 총소리가 울리기 전 출발했고 부정출발로 판정되어 실격되고 말았다. 그는 0의 선상에 있었다. 그러나 그 0은 단순히 0이 아니다. 대륙별로 예선을 거쳐 수억 명의 대표로 그 자리에 서 있을 수 있었던 것이다. 서울에서 부산으로 KTX를 타고 출발한다고 치자. 티켓을 구매하지 않은 사람은 결코 출발선상에 서있을 수 없다. 따라서 제로의 무게는 전체의 무게와 같다. 몸무게가 70Kg이라면 저울 눈금은 0에서 시작하여 70으로 상승한다. 8명이 달리는 100m 달리기 결선은 단순이 8명이 아니라 수십억 명의 달리기이다. 제로는 그 자리를 보전하고 있음이고 단순히 달리기를 시작하지 않음이지 '없음[無]'이 아니다. 시인은 지금까지 자신의 가족과 송용일 자신을 유지하기 위하여 피나는 노력을 해왔다. 제로는 0이지만 하나로서의 0, 우리로서의 0, 나라로서의 0, 우주로서의 0이지 '없음[無]'이 아님을 시인은 우리에게 각인시켜 주고 있다. 우리가 추구하는 목표는 '+1에서부터 무한대'가 아니라 '무한대로부터 0으로 향하는 길'이다. '0을 유지할 때 비로소 자아를 드러낼 수 있'으며 '- 무한대로부터 0으로 향하는 길이라도 꿈을 버리지 않으면 0을 이룰 수 있음'을 우리는 이 시를 통해 읽는다.

구르는 공을 본다
가파른 골목길 구비구비
바람이 그늘을 안고 각이 진다
날들이 뾰쪽한 울밑을
높낮이 토닥거리며 잘도 구른다
소갈머리 빈 탓일까
탱탱한 복원력
수십 년 굴러온 몸을 본다
정이 노린 각진 모습
어느새 둥글둥글하다
모난 곳 많이도 부딪쳤다
이 몸 둥글어졌다만
그들 얼마나 상처를 입었을까
세월은 상처를 잊고 각은 무디어졌다

-「각은 무디어지고」 전문

시인은 지금 구르는 공을 바라보고 있다. 공은 '가파른 골목길 구비구비' 구르고 있고 그에 따라서 '바람이 그늘을 안고 각이 진다.'고 시인은 말한다. 바람의 각을 혜량할 수 있는 사람이 몇이나 될까? 바람 든 공은 튕기고 구르면서 수많은 각을 몸에 담는다. 인간은 공이다. 허풍과 교만을 잔뜩 채워서 어디로 튈지 모른다. 풀과 나무, 땅과 바람, 그리고 허공을 치고 지나간다. 그러면서 자신이 무엇이 되고 홀컵에 들지 못함을 아쉬워하지 자신이 굴러가는 과정 속에서 자신에게 부딪쳐야만 했던 사람들의 아픔을 혜량하지 못하고 살아왔음을 시인은 반성한다. 그래서 그는 자신의 "수십 년 굴러온 몸"을 보고 있다. 내 인생은 지금껏 뾰족하고 모난 정에 맞아 터질 번한 인생인 줄 알았다. 그런데 그게 아니다. 세상은 언제나 둥글고 스스로 모가 나있었던 것이다. 둥근 것도 찌를 수 있다. 부드러운 것도 상처가 되며, 여린 것도 비수가 될 수 있다. 물방울이 모여 성난 파도를 일으키는 것처럼 작은 모래알이지만 한꺼번에 덮으면 바로 무덤이 되는 것이다. 자신의 몸은 둥글어져 있지만 그간 70성상을 살아오는 동안 자신에게 부딪친 "그들 얼마나 상처를 입었을까"하고 반성하는 시인에게서 우리는 시의 궁극적 목적인 자아를 발견하게 된다.

①
너희들이라도 멀리 저 멀리
훨훨 날아 날개를 펴라고
솜털 되어 바람을 기다린다
흰머리 서리 이고 둥글게
스치는 바람 언제 올까
이 계절 가기 전에
오늘도 기다린다
더러는 이국만리
더러는 이웃에서
우리네 삶 민들레 넋이라네

-「민들레」 부분

②
풀밭 위 구름 따라 길 하나 걸어가네
메마른 시간 푸르고져 동반하러 찾으니
걸음마다 앞서거니 지난날이 돌아온다

(중략)

누운 풀 바라보니 여문 생각 거듭하길
거센 바람 스쳐가도 부러지지 않는다면
밟히고 밟혀도 사라지지 않는다네

-「질경이」 부분

③
한 그루 소나무
그늘이 크다

오는 이에 해가리개
가는 이에 비가리개

너로 인해 우리들 삶
뒤돌아본다

-「외솔」 전문

흔히 외국으로 이민가서 사는 사람들을 표현할 때 '민들레 홀씨 같은 사람들이 질경이 같은 정신으로 살아간다'고 말한다. 누군들 태어날 때 캐나다로 이민을 가서 살 줄 알았으랴. 언어도 풍습도 먹을거리도 맞지 않는 이국땅에 뿌리를 내리고 사는 일이 얼마나 척박했을까? 그래서 사람들은 민들레 홀씨 같은 삶이라고 곧잘 말한다. 시인은 따옴시 ①「민들레」를 통하여 흰 서리가 내리도록 살아온 이국땅에서 자식들이 잘 되기를 기원한다. 그들은 질긴 생활력으로 살아남아야만 했다. 그래서 따옴시 ②「질경이」에서 "밟히고 밟혀도 사라지지 않는다네"라고 말하는 것처럼 어떻게 하든 뿌리를 내리고 살아야만 했다. 그 절박함, 밟히고 눌려도 질경이처럼 일어선 그들의 의지에 박수를 보낸다. 필자는 송용일 시집을 읽으며 생각한 것이지만 이민 초기의 단계를 민들레의 삶, 이민 중기의 단계를 질경이의 삶, 그리고 이민 완성의 단계를 외솔의 삶이라고 말하고 싶다. 소나무는 우직함과 변함없음, 그리고 스스로 독립함의 상징이다. 따옴시 ③「외솔」은 시인의 소망이 담긴 시다. '외솔'은 시인 자신이다. 애국가 2절에 나오는 "남산 위에 저 소나무 철갑을 두른 듯"이란 가사는 우리나라가 지향하는 세계가 사철 푸르른 나라이고 만고불변의 나라임을 선포한 것이라고 본다면 시인이 구축한 시의 나라에서 시인은 한 그루의 그늘 큰 소나무이고 싶고 그리하여 "오는 이에 해가리개/가는 이에 비가리개"가 되어주고 싶은 소망을 피력한다. 그렇다면 그가 소망하는 것은 이 시집 『각은 무디어지고』를 통하여 볼 때 이미 이루어졌다고 본다. 이 시집 속에는 소나무처럼 힘찬 기상과 사철 푸른 정신과 해가리개, 비가리개가 되려는 나눔과 봉사의 정신이 곳곳에 깃들어져 있다.

이상에서처럼 조약돌과 나무라도 보고 싶은 마음으로 며칠 동안 그의 숲속에 들어가 헤매어 보았다. 그의 숲은 푸르다. 새소리 물소리 끊이지 않는다. 다람쥐가 도토리를 주워 나르고 햇살이 그늘 사이를 침놓는 그의 시숲은 건강하다. 그의 시는 자연스럽다. 스스로 움트고 태어나며 자생하고 소멸하는 생로병사의 과정을 원활히 수행하고 있다. 그의 시숲에서는 떨어진 나뭇잎도 죽음이 아니다. 영혼의 언어는 생장의 언어로 환원되고 생장의 언어는 바위나 하늘 같은 기다림의 언어로 시적 배경이 된다. 모든 것은 적기이다. 얼핏 생각하면 늦은 나이에 첫 시집을 상재하신다고 말씀드릴 수 있겠으나, 그동안의 기다림이 이처럼 깊고 훈훈한 사유를 드러내기 위한 준비였다고 생각하면 아쉬울 것도 없다.

이 시집은 홍마 선생의 고희에 맞춰 출간되는 것으로 안다. 옛말에 인생칠십고래희人生七十古來稀라는 말이 있다. 70을 살기 어렵다는 두보의 말인데 두보 역시 70을 살지는 못했다고 한다. 그것은 이제 틀린 말이 되었다. 이젠 누구나 100壽를 누릴 수 있다는 희망이 부풀어 있다. 필자는 人生七十古來稀를 인생은 70이 되어야 기쁨을 맛볼 수 있다는 말로 풀이하고 싶다. 이 시집을 통하여 그동안 살아내신 고목 같은 인고의 세월에 한란韓蘭 꽃이 피어나고 있음을 본다. 그의 시집 한 권 드리운 가슴방마다 그의 향기가 그윽할 것 같다.

▣ 문학공원 시선 68 ▣

각은 무디어지고

초판인쇄일 2011년 9월 28일
초판발행일 2011년 10월 1일

지은이 : 송용일
펴낸이 : 김순진
주 간 : 지성찬
편집장 : 김묘숙
디자인 : 김초롱
펴낸곳 : 문학공원
등 록 : 2004년 3월 9일 제6-706호
주 소 : (우편번호 130-814)서울 동대문구 난계로 26길 17
(구, 신설동 114-89호)삼우빌딩 C동 302호 스토리문학사
전 화 : 02-2234-1666
팩 스 : 02-2236-1666
홈페이지 : http://cafedaumnet/yob51
이메일 : 4615562@hanmailnet

ISBN : 978-89-6577-023-7 03810